COMMERCIAL / RELATION CLIENT

Jean-Éric PELET

E-COMMERCE

Comment concevoir, réaliser et piloter votre site

DUNOD

11 rue Paul Bert, 92240 Malakoff
www.dunod.com

ISBN 978-2-10-078474-5

Sommaire

Le site compagnon http://www.ecommerce.kmcms.net vous accompagne dans la lecture de ce livre, mettant en avant les ressources utilisées, des infographies ainsi que des quiz.

Introduction

« Nous ne construisons pas des services pour gagner de l'argent, nous gagnons de l'argent pour créer de meilleurs services. »

Mark Zuckerberg, CEO et fondateur de Facebook

Les technologies digitales simplifient nos vies et ouvrent les portes d'opportunités d'affaires sans précédent, pour l'e-commerce notamment. Les compagnies innovantes transforment et défient les industries traditionnelles déjà installées. Cette puissance de transformation implique à la fois des opportunités et des risques pour nous tous. Qu'elles soient favorables à ces transformations ou sur la défensive, les entreprises et tous les professionnels du digital doivent rester informés, sous peine d'être relégués au second plan.

Pourtant, le commerce en ligne poursuit sa croissance à deux chiffres, avec un chiffre d'affaires européen à 534 milliards d'euros en 2017 – en hausse de 11 % –, et une croissance de 13 % en 2018, à 602 milliards d'euros (EuroCommerce, 2018). En 2013, il ne dépassait pas 307 milliards d'euros. Le commerce de détail en ligne est le plus fort en Europe de l'Ouest, avec environ 68 % du chiffre d'affaires total des détaillants en ligne en Europe. Cela peut être attribué principalement à l'infrastructure avancée de l'Europe de l'Ouest, à la forte pénétration d'Internet, au haut niveau de confiance des consommateurs et à leur familiarité avec l'achat en ligne. L'Europe du Sud, l'Europe du Nord et l'Europe de l'Est montrent une part plus faible du commerce électronique européen : respectivement 12 %, 8 % et 6 %. Cependant, ce sont les régions qui enregistrent la croissance la plus rapide, comme le montre le taux annuel de croissance en 2017 du commerce électronique en Roumanie, qui est de 37 %.

Les principales tendances identifiées montrent que le Royaume-Uni (178 milliards d'euros) est le plus gros marché européen, suivi de la France (93,2 milliards) et de l'Allemagne (93 milliards). Le Royaume-Uni obtient également les meilleurs résultats en termes de PIB électronique (c'est-à-dire commerce électronique/PIB = part du commerce électronique du PIB), avec un taux de 7 % en 2017 et 8 % en 2018.

Parmi les principaux défis auxquels les consommateurs sont confrontés lors de leurs achats en ligne, figurent la rapidité de livraison (17 %) et les défaillances techniques (13 %). La performance logistique joue un rôle crucial dans le succès de la pénétration et de l'intégration du commerce électronique au sein d'un pays. L'Allemagne, le Luxembourg, les Pays-Bas et la Suède excellent à cet égard, en tête de la liste des pays européens selon l'indice de performance logistique de la Banque mondiale. Des exemples à suivre pour nous Français...

Le rôle croissant des ventes en ligne conduit et répond aux changements de comportements d'achat des consommateurs. Dans les marchés où cette tendance est encore lente, des progrès pourraient être réalisés si davantage d'investissements étaient consacrés à l'infrastructure de communication et de logistique : le commerce électronique en a besoin pour fonctionner efficacement. En attendant, il faut continuer de faire pression en faveur d'un régime réglementaire créant les conditions propices à la croissance dans tous les canaux de vente. Cela aidera l'UE à être compétitive à l'échelle mondiale en matière d'innovation dans le commerce de détail. Pour cela, rien de mieux que d'analyser ce que font nos concurrents américains et chinois.

Comment des géants du digital tels que Google, Amazon ou Tencent arrivent-ils à gagner de l'argent ? Quel rôle jouent les réseaux sociaux ?

Comment est-ce que les plates-formes verticales[1] créent de nouveaux marchés ? Voici quelques-unes des questions soulevées pour mieux entrevoir l'e-commerce d'aujourd'hui.

L'e-commerce en chiffres[2]

Il est difficile de parler du e-commerce sans évoquer ces chiffres. Il y a eu :

- plus de 350 000 tweets envoyés ;
- 210 000 snaps téléchargés ;
- 120 nouveaux comptes créés sur LinkedIn ;
- 25 000 billets postés sur Tumblr ;
- 18 000 matchs sur Tinder ;
- 156 millions d'e-mails envoyés ;
- 2 millions de minutes de communication échangées sur Skype ;
- 400 heures de vidéos téléchargées sur YouTube ;
- 16 550 vidéos vues sur Vimeo ;
- 10,5 millions de chansons écoutées sur Spotify ;
- 87 000 heures de vidéos vues sur Netflix ;
- 800 000 fichiers téléchargés sur Dropbox ;
- 3,8 millions de requêtes effectuées sur Google ;
- 243 000 photos mises en ligne sur Facebook ;
- 65 000 photos mises en ligne sur Instagram ;
- sans compter les 29 millions de messages transférés *via* WhatsApp.

… durant le temps qu'il vous a fallu pour lire cet encadré.

En regardant ces chiffres qui font état du comportement des internautes et en analysant les données qu'ils produisent – le fameux « big data » – nous abordons un domaine qui devient de plus en plus important pour l'e-commerce : la psychométrie. Cette spécialisation consiste à établir des profils psychologiques à partir de données récoltées, qui peuvent être en faveur des commerçants électroniques. L'un des experts sur le

1 Une plate-forme verticale réunit plusieurs entités (entreprises, services, activités) situées à des emplacements différents au sein de la chaîne de valeur.
2 Source : Statista, 2018.

sujet, Michal Kosinski[1], a mis au point une méthode pour mesurer la personnalité de chaque individu. Que ce soit en matière de musique, de lecture ou de comportements en ligne, l'e-commerce s'empare de ces données laissées au cours de nos déplacements sur le Web ou sur les applications, et arrive à prédire nos choix. Pour un être humain, ces connexions sont très difficiles à repérer mais, pour un algorithme informatique, c'est plutôt facile. Ainsi, des algorithmes sont mis au point aujourd'hui en se fondant sur les activités d'utilisateurs de Facebook : chaque chanteur, chaque écrivain, chaque page que nous « likons » en dit en effet beaucoup plus sur nous que nous l'imaginons. Plus les contenus sont nombreux et plus le portrait est précis. À partir de 68 likes, l'algorithme connaît notre couleur de peau, notre orientation sexuelle ou notre consommation d'alcool. Il connaît aussi nos préférences politiques et notre personnalité, précise le chercheur en psychologie Kosinski.

Une étude a été réalisée auprès des proches d'un utilisateur de Facebook. En posant à ses proches des questions issues d'un test de psychométrie, il a été possible de définir le profil de cet utilisateur. Suite à cela, un algorithme a été réalisé pour définir le comportement de l'utilisateur de Facebook. Les résultats ont été comparés aux réponses des proches : avec 10 likes sur Facebook, l'algorithme nous connaît mieux que nos collègues. Avec 100 likes, il nous connaît mieux que notre famille. Avec 230 likes, il nous connaît mieux que notre conjoint… Un utilisateur moyen qui like quelque chose 3 à 4 fois par jour peut donc être assez bien connu d'un algorithme en 3 jours seulement. L'algorithme nous connaîtra potentiellement mieux en 3 jours que des collègues de bureau avec qui nous aurions passé quelques années à travailler. Cela révèle les biais inconscients que nous renseignons au travers des données qui, prises seules, ne servent à rien mais qui, re-associées par des gens qui disposent à la fois de ce savoir technique et des bases de données, peuvent servir

1 Chercheur en psychologie à l'université de Cambridge.

à extrapoler des informations extrêmement intéressantes et surtout très précises sur des êtres humains, nous révèle Thomas Huchon[1].

Il est dès lors envisageable d'imaginer tout ce que peuvent apporter les données de la psychométrie à des fins politiques, marketing ou liées au e-commerce. Michal Kosinski a d'ailleurs refusé de travailler avec Cambridge Analytica, l'entreprise à l'origine des déboires de Facebook en mai 2018. L'objectif de cet institut de recherche, selon son PDG Alexander Nix, est de cibler plus finement l'utilisateur sur Facebook en fonction de la personnalité des individus : « *Si vous connaissez la personnalité des gens que vous ciblez, vous pouvez nuancer votre message pour qu'il résonne davantage auprès de ce public.*[2] » Voici comment les scientifiques de Cambridge Analytica ont travaillé sur la campagne présidentielle de Donald Trump. Par la compréhension de cette méthode, il est tout à fait possible d'imaginer que les marques de commerce électronique peuvent bénéficier des mêmes atouts.

Grâce à toutes les informations dont ils disposaient au sujet d'un électorat, les scientifiques de Cambridge Analytica ont été capables de définir 32 types de personnalités répartis sur le territoire. Ils ont envoyé des milliers de messages individualisés à ces utilisateurs de réseaux sociaux. En ciblant les personnes jugées les plus névrosées ou inquiètes, et donc les plus susceptibles d'être sensibles aux messages anxiogènes de Donald Trump, certains États ont été repérés par les scientifiques. Il a été décidé de cibler plus finement leurs citoyens.

L'efficacité du système est cependant controversée. Bien que l'effet de la psychométrie soit toujours difficile à analyser, cette science permet d'apporter un savoir supplémentaire utile à la prise de décision… lorsqu'elle est bien gérée. L'affaire Cambridge Analytica ne risque pas de porter préjudice à Facebook qui faisait encore 4 milliards de dollars de bénéfice en 2017. Elle aura eu pour effet d'alerter les pouvoirs publics sur

1 Thomas Huchon est le réalisateur du documentaire *Unfair Game* (disponible sur la plateforme Spicee : *Unfair game : comment Trump a manipulé l'Amérique*, juin 2017, http://urlz.fr/7ppU).

2 Conférence donnée le 13 mai 2016.

l'importance de ce réseau social. Cette affaire peut amener les pouvoirs publics à mieux considérer Facebook en tant que personnalité du monde public qui peut toucher aux démocraties. Ils peuvent aussi voir Facebook comme une entreprise qui peut elle-même toucher aux démocraties : cela va amener les pouvoirs publics à encadrer Facebook. Le réseau lui-même devra peut-être aussi revoir ses pratiques : par exemple en séparant les activités de crédit des activités de spéculation, les banques ont réussi à redonner confiance à la population.

Les entreprises comme Facebook, Twitter, Amazon, Google ou Microsoft devraient sans doute s'en inspirer, pour éviter des écueils tels que le scandale Cambridge Analytica. Il faudrait arriver à séparer les activités de collecte et de stockage de données, des activités de ciblage. Il serait alors possible de collecter des informations relatives aux activités des utilisateurs de réseaux sociaux, d'applications ou de sites Web marchands sans pour autant cibler ces derniers. En créant une frontière étanche à l'intérieur de leurs murs, ces entreprises pourraient gagner en légitimité et surtout en confiance à l'égard du consommateur.

Les autorités de la concurrence ne peuvent pas tolérer que des entreprises possédant 90 % du marché dans lequel elles agissent, et qui sont donc en situation de monopole, n'aient pas nécessairement la légitimité pour agir ainsi. Ceci nous amène au dossier brûlant du règlement général de la protection des données (RGPD) mis en place le 25 mai 2018, que nous évoquons plus loin dans cet ouvrage. Les tendances globales du moment indiquent que le contrôle par la voix est en train de remplacer le mobile multifonctions et le système contrôlé par le toucher, montrant un glissement de l'utilisation du digital par les sens.

Partie 1

État du e-commerce actuel

- Dans cette partie un bilan de l'e-commerce est présenté, faisant état de progrès liés à la blockchain et à l'intelligence artificielle notamment (chapitre 1).
- Les prérequis nécessaires à la mise en place d'une stratégie d'e-commerce sont abordés, mettant en exergue la protection de la vie privée, en partie grâce au RGPD (règlement général de la protection des données) (chapitre 2).
- Le consommateur omnicanal utilisant son smartphone, les réseaux sociaux et les systèmes de géolocalisation pour effectuer ses achats, appartient à la stratégie de distribution à 360° (chapitre 3).

Chapitre 1

Bilan de l'e-commerce depuis son apparition

Objectifs du chapitre

- **Présentation de l'histoire d'Internet**, de 1994 à nos jours.
- **La blockchain et ses promesses** pour un e-commerce sans monopoles.
- **Quelles sont les pratiques des consommateurs** sur Internet ? Vous trouverez ici une présentation des avantages de l'intelligence artificielle et de la personnalisation qu'elle offre.
- **Il est très important d'avoir des sites Web marchands** faciles à utiliser. Dans le secteur du vin par exemple, on en voit très facilement les avantages.
- **Quelles sont les innovations dans l'e-commerce ?** Quelles sont les tendances du e-commerce dans le monde ?

Développement de l'e-commerce

« C'est en faisant des erreurs que l'on apprend et que l'on se développe.
Il faut être mauvais pour devenir bon. »

Antoine de Saint-Exupéry

Des changements importants survenus entre 1994 et 2017

Internet, créé au début des années quatre-vingt-dix, s'est transformé pour devenir un canal de distribution électronique ; grâce à lui, les entreprises et les consommateurs peuvent échanger et commercialiser biens et services. Cet outil, utilisé au départ par l'armée puis par les universitaires, permet maintenant de faire des transactions commerciales et se substitue peu à peu aux canaux de distribution existants (Pelet et Lucas-Boursier, 2017).

La transformation d'Internet d'un outil stratégique militaire en une plate-forme commerciale a été très rapide. Alors qu'il était délimité au Web durant une assez longue période, de 1994 à 2010-2012 environ, on peut aujourd'hui utiliser Internet sur des supports mobiles : les tablettes et smartphones – ou téléphones intelligents –, les télévisions connectées, les réfrigérateurs connectés et tout ce qui constitue l'Internet des objets (IoT), comme le bouton d'Amazon ainsi que les terminaux vocaux tels que Siri d'Apple, Alexa d'Amazon, Cortana de Microsoft, Google Assistant ou encore Ok Google d'Android-Google.

Bien que le commerce électronique soit connu de tous et que de belles entreprises aient réussi à y faire leur place en tant que pure player* – comme Amazon –, son importance diffère en fonction : des types d'échanges, à destination du grand public B2C ou entre entreprises B2B ; des secteurs ; et bien sûr des cultures qu'il aborde.

* Tous les mots suivis d'un astérisque sont définis dans le glossaire page 213.

Son développement dépend principalement des canaux mais aussi, et de plus en plus, de la blockchain* et de l'énergie que les serveurs qui sous-tendent le commerce électronique requièrent. Des modifications quant à la hiérarchisation des acteurs du e-commerce qu'elle entraîne sont à attendre.

Précisions sur la blockchain et l'e-commerce

Selon Filipović et Lipton[1] (2018), « la technologie blockchain (chaîne de blocs) repose, pour son utilisation pratique, sur la croissance exponentielle de la puissance de calcul des ordinateurs, également appelée "loi de Moore"*. Celle-ci stipule que la complexité des circuits intégrés ayant des coûts de composants minimes, double tous les 12 à 24 mois, tout comme la disponibilité et la reproductibilité croissantes des informations sous forme numérique par le biais d'Internet. » Voici une présentation des transactions opérées grâce à la blockchain (figure 1.1) :

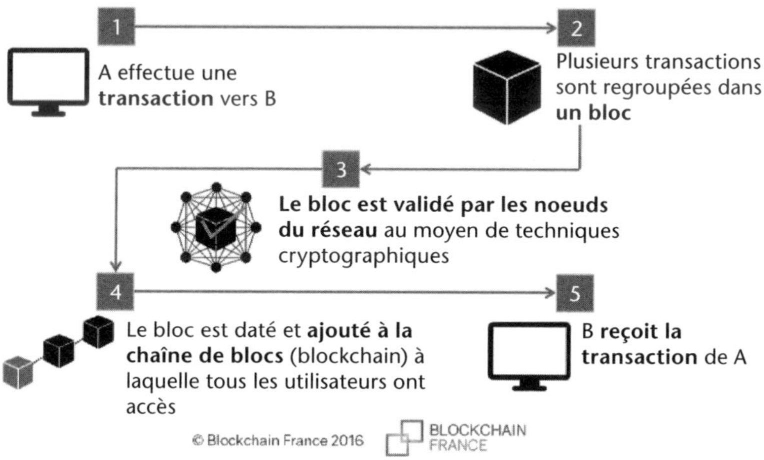

Figure 1.1 – Fonctionnement des transactions en blockchain[2]

• • •

1 Damir Filipović est professeur de finance au Swiss Finance Institute et titulaire de la chaire Swissquote de finance quantitative à l'EPFL (École polytechnique fédérale de Lausanne) ; Alexander Lipton est le fondateur et CEO de Stronghold Labs, et actuellement visiting professor à l'EPFL.

2 Source : https://blockchainfrance.net/decouvrir-la-blockchain/c-est-quoi-la-blockchain/

Du contenu d'une page Web aux modèles de comportement

Dans le monde du e-commerce, les actifs numériques ne sont pas toujours la propriété de ceux qui les créent. Ainsi, sur n'importe quelle page Web faisant la promotion d'un produit, nous trouvons des photos de haute qualité, des vidéos sur les produits, des critiques et d'autres informations. Généralement, celles-ci sont créées à un coût élevé pour le propriétaire du magasin, car sans elles, personne n'achèterait produits ou services. Cependant, le contenu de la page du produit appartient à la plate-forme de commerce électronique sur laquelle le marchand vend. Ainsi, les informations sur les ventes et les modèles de comportement des utilisateurs stockées sur les plates-formes de commerce électronique peuvent également être utilisées pour une concurrence inégale avec la vente de produits similaires. Par exemple, Amazon peut arbitrairement annoncer ses propres produits et les prioriser sur la concurrence dès lors que les informations de sites utilisant la plate-forme Amazon sont analysées. Cela arrive fréquemment lorsqu'un consommateur fait son shopping en utilisant une tablette Amazon Fire ou l'enceinte Alexa.

Des frais élevés et des règles prohibitives

Afin de protéger leurs marges et de générer des revenus, les plates-formes traditionnelles de commerce électronique prélèvent un pourcentage du revenu total des ventes des détaillants et facturent souvent également des frais pour chaque vente. Ces frais varient selon la plate-forme, mais la fourchette est généralement comprise entre 10 et 50 % du prix de vente total. Les détaillants proposent les réductions que les plates-formes de commerce électronique prennent en considération dans le prix final, cela conduit donc à des prix plus élevés pour les consommateurs et à moins de profit pour les détaillants. C'est une situation perdant-perdant pour tout le monde sauf pour la plate-forme e-commerce…

De plus, nombre de ces plates-formes centralisées neutralisent le contact direct entre les consommateurs et les vendeurs. Amazon, par exemple, permet aux détaillants de recevoir un e-mail de suivi de commande qui les aide à connaître la satisfaction du client. Cela réduit considérablement la gestion des relations qu'un détaillant peut avoir. Pour aggraver les choses, Amazon emploie sa propre équipe de service à la clientèle, qui n'est pas toujours familière des produits ou des politiques de l'entreprise. Cela ajoute encore au coût de la transaction qui pourrait facilement être traitée

• • • directement par le commerçant. Et si un e-commerçant ne veut pas se plier à ces règles, il s'exclut du marché. Il existe de nombreux cas de plates-formes de commerce électronique centralisées qui ferment l'accès d'un marchand à sa propre page, sans en indiquer nécessairement la raison.

Le blockchain à la rescousse du e-commerce

La technologie blockchain permet l'émergence de marchés décentralisés qui, faute d'une équipe centralisée avec ses coûts inhérents, offre des prix plus bas aux consommateurs et de meilleures règles aux détaillants. Alors que certains projets de blockchain précoces comme Syscoin[1] créent des places de marché en ligne, aucun n'a pour le moment égratigné ne serait-ce que la surface des problèmes actuels de l'industrie du commerce électronique. Sauf pour ce qui est du problème inhérent à la technologie blockchain : l'énergie que ce système requiert. Les dimensions énergétiques, informatiques et technologiques liées à la technologie blockchain doivent en effet bien être prises en compte de façon générale, pas seulement pour l'e-commerce, d'après Parrein et Bidan (2018)[2].

Les pratiques des consommateurs connectés

Le nombre de cyberacheteurs n'a cessé d'augmenter selon l'Observatoire des usages Internet de Médiamétrie au deuxième trimestre 2017. Entre 2005 et 2017, il est passé de 13,9 millions, soit 55 % des internautes en 2005, à 37 millions, soit 83 % des internautes en 2017.

Tableau 1.1 – Top 5 des sites d'e-commerce les plus visités en France

1. Amazon (43,8 % des internautes)
2. Cdiscount (29,6 % des internautes)
3. Voyages-sncf.com qui est devenu OUI.sncf (24,2 % des internautes)
4. La Fnac (23 % des internautes)
5. Vente-privee (22,9 % des internautes)

1 https://www.syscoin.org/

2 Benoît Parrein est maître de conférences (HDR) à Polytech Nantes, université de Nantes, et Marc Bidan est un ami de The Conversation, il est aussi professeur des universités en management des systèmes d'information à Polytech Nantes, université de Nantes.

Tous ces sites voient leur part de visiteurs sur mobiles augmenter de mois en mois.

Tableau 1.2 – Top 5 des catégories les plus achetées

Habillement, chaussures, mode, lingerie	48 %
Produits culturels	40 %
Voyage et tourisme	34 %
Beauté et santé	26 %
Billets pour des événements	24 %

Les consommateurs ont effectué en moyenne 33 transactions en ligne en 2017 contre 28 en 2016 pour un montant total de près de 2 200 € en 2017. Le panier moyen baisse à 65,50 € contre 69 €, compensé par la fréquence d'achat qui augmente de 19 % en 2017 d'après la Fevad (Fédération des enseignes de vente à distance).

Les ventes sur smartphones et tablettes ont progressé de 38 % en un an. À Noël, entre les mois de novembre et décembre, les ventes sur Internet ont progressé de 17,5 % *versus* Noël 2016. Le boom des ventes en ligne dans le secteur du voyage consolide sa croissance au quatrième trimestre 2017. En 2018, le marché de l'e-commerce atteint 90 milliards d'euros, toujours selon la Fevad.

Pour comprendre les enjeux stratégiques et techniques auxquels sont confrontés les acteurs du e-commerce, il faut avoir en tête l'omnicanalité*, la reconnaissance du client et le fait de proposer une expérience utilisateur sans couture tant en termes de paiement que de livraison. En outre, les recommandations prédictives* et une meilleure analyse de la concurrence bénéficient aux acteurs du e-commerce. Les leviers essentiels permettant d'assurer une transformation optimale dans l'objectif d'être au plus près des besoins des consommateurs consistent à reproduire la même expérience *online* qu'en magasin. Tout doit concourir à la simplification de l'acte d'achat. Pour cela, il faut s'appuyer sur les nouvelles technologies comme la réalité augmentée*, l'intelligence artificielle*, les recommandations prédictives ou les chatbots*, qui assurent au site Web marchand un meilleur « fit » avec les attentes des consommateurs.

Intelligence artificielle et personnalisation

Les ventes en ligne et en magasin ont augmenté de 5,5 % sur les mois de novembre et décembre 2017 par rapport à 2016, générant un chiffre d'affaires de 691,9 milliards de dollars, ce qui constitue l'une des plus fortes croissances depuis 2008. Le cabinet One Click Retail[1] indique aussi que l'e-commerce a connu une hausse de 11,5 % sur un an, soit de 138,4 milliards de dollars, avec une part de marché de 44 % en 2017 pour Amazon. Ces résultats ont été obtenus grâce à une utilisation accrue de l'intelligence artificielle (IA) : « L'IA n'est plus une technologie prospective : elle est à présent bien là et disponible. Maintenant, la question pour les *retailers** est de savoir comment la rendre opérationnelle dans le parcours omnicanal des consommateurs avec un sujet sous-jacent : la gestion de la donnée client », d'après Sébastien Zins, de Salesforce[2].

Parmi les adaptations de cette intelligence artificielle, les chatbots et les moteurs de recommandation qui pratiquent une analyse intelligente des données existent. Ils permettent de fournir aux détaillants davantage de données sur le comportement des clients dans le magasin et sur la gestion des stocks en temps réel par le biais d'étiquettes intelligentes ou de robots avec code-barres. Ces derniers indiquent précisément toutes les informations nécessaires pour assurer une commande et une livraison dans les meilleures conditions. Tout ce qui est faisable dans l'e-commerce comme suivre le parcours d'achat du consommateur en fonction de son historique et de sa navigation est à présent possible en magasin pour les *retailers*. Ils ont aujourd'hui les outils pour acquérir cette connaissance client.

1 http://oneclickretail.com/ : One Click Retail (OCR) est un leader du marché dans la mesure de données du e-commerce, l'analyse des ventes et l'optimisation de la recherche pour les fabricants en Amérique du Nord, en Europe et en Asie.

2 https://www.salesforce.com/fr/ : Salesforce est la plate-forme n° 1 au monde de solutions de gestion de la relation client (CRM).

Quand l'IA développe la logistique

STO Express, le numéro 3 chinois du courrier

L'avenir du tri postal est déjà à l'œuvre en Chine, pays pionnier en matière de robotisation. En 2016, STO Express, le numéro 3 chinois du courrier, a automatisé quatre de ses sept plates-formes. *Envoyé spécial* a filmé le ballet des robots dans l'une d'elles.

Figure 1.2 – Le robot muni d'un code-barres verse le colis dans un conduit en direction d'un container qui s'achemine vers une ville à livrer

Chaque jour, 300 robots acheminent et trient 70 000 colis dans une chorégraphie réglée au millimètre. Plates et discrètes comme des aspirateurs-robots, les petites machines à roulettes réceptionnent le colis sur leur plateau jaune. Elles vont ensuite le déverser dans une ouverture carrée au sol : celle qui correspond à leur destination, Pékin ou autre.

■ Le robot met 32 secondes à exécuter la tâche, l'humain 15 minutes

Là où elles ont été introduites, les machines ont remplacé les trois quarts des employés. En termes d'efficacité, que vaut un humain face à un robot ? « Le robot met 32 secondes en moyenne pour traiter un colis, là où un humain met 15 minutes », indique le directeur du site.
Et même, en cas de bug pour cause d'interférences quand les robots se croisent, le problème est vite corrigé. Aussi ne reste-t-il ici qu'une poignée

• • •

de salariés… une dizaine en tout. Changement d'ambiance dans la partie non robotisée de l'usine. Quelques ouvriers et ouvrières sans qualification exécutent une tâche des plus basiques : « Il suffit de prendre le colis, et le déposer sur le plateau du robot avec l'étiquette vers le haut. Juste au-dessus, il y a des capteurs, et une caméra ultrarapide qui scanne l'adresse de destination, explique le directeur. C'est tellement simple que même un enfant pourrait faire ce travail ! » Un poste qui devrait avoir totalement disparu d'ici trois ans, selon les prévisions du groupe.

Figure 1.3 – Les mains délicates des trieuses de courrier ne peuvent rien face à la vitesse d'exécution des robots

Extrait de « Robots, le meilleur des mondes ? », un reportage d'*Envoyé spécial* du 11 janvier 2018.[1]

L'utilisation de la reconnaissance faciale par Intel pour créer une expérience client magasin plus personnalisée a été le clou du salon NRF[2] (National Retail Federation) qui s'est déroulé à New York. Ainsi, des consommateurs, dès leur entrée dans un magasin Lolli & Pops[3],

1 Source : https://www.francetvinfo.fr/replay-magazine/france-2/envoye-special/video-en-chine-une-armee-de-robots-pour-assurer-le-tri-postal_2553525.html. Voir aussi la vidéo : http://urlz.fr/7pq3

2 https://nrf.com/ : La NRF est la plus grande association de commerce de détail au monde, représentant des détaillants des États-Unis et de plus de 45 pays.

3 https://www.lolliandpops.com/

une chaîne américaine de vente de chocolats, se sont vus filmés par une caméra de capture de mouvements reconnaissant instantanément les acheteurs par leur visage et envoyant aux conseillers des données utiles indiquant nom, achats antérieurs *online* et *offline* et recommandations de produits qu'ils pourraient apprécier. De la même manière que les oreillettes ont bouleversé le panorama de la télévision, permettant aux présentateurs de gérer un plateau télé, une discussion ou un conflit par l'intermédiaire d'une régie soufflant dans l'oreille les informations utiles et au bon moment, les vendeurs pourront désormais dans les magasins et sur les sites Web marchands faire des propositions en fonction de l'historisation des données, effectuée suite aux démarches faites par ce consommateur. Les algorithmes permettent de relier entre elles les données des clients pour augmenter leur fréquence d'achat. Gartner[1] annonce ainsi que 85 % des interactions des consommateurs avec un commerçant ne seront plus humaines mais automatisées d'ici à 2020. Il faudra alors bien anticiper le parcours omnicanal en point de vente et donc créer une alliance *online-offline* permettant d'aboutir à une expérience unique pour le client.

Pour négocier dans les meilleures conditions ce virage vers l'omnicanalité, il faut tout faire pour assurer la même expérience d'achat au consommateur, qu'il ait effectué une réservation en ligne, un achat dans un point de vente physique ou encore une demande de livraison à domicile.

L'e-commerce du vin, porté par les réseaux sociaux

Avec le recours croissant aux appareils portables et la rapidité avec laquelle ils sont utilisés à des fins commerciales, l'ergonomie des sites Web et des applications de commerce mobile (m-commerce) reste un défi important dans le monde du vin. En effet, la facilité d'utilisation de l'interface de la plate-forme mobile s'est avérée être l'un des principaux moteurs

• • •

1 https://www.gartner.com/en : Gartner constitue une ressource pour les professionnels de l'informatique qui souhaitent traiter des problèmes informatiques.

• • •

des intentions d'achat. L'objectif de l'étude conduite par Pelet (2018) est de comprendre dans quelle mesure les consommateurs confirment l'influence de la facilité d'utilisation de ces plates-formes mobiles pour les aider à choisir, sélectionner et acheter du vin. Les facteurs potentiels qui affectent la facilité d'utilisation et encouragent l'intention d'achat dans le contexte des sites Web mobiles de vente sont examinés de manière empirique, afin de guider la recherche théorique sur ce marché prometteur. Précisément, cette étude examine les effets de l'orientation client du site Web, les informations fournies et la conception du site Web sur sa facilité d'utilisation. Les résultats soutiennent largement le modèle proposé en utilisant 249 réponses, et soulignent le rôle important de l'orientation client du site Web, de l'information fournie et de la conception du site Web/des applications pour déterminer la facilité d'utilisation du système. Les implications pratiques des résultats sont fournies aux professionnels du vin.

Des résultats prometteurs pour les vignerons et autres professionnels du vin

L'étude montre qu'en prenant en compte la conception de l'interface, l'orientation client du site et les informations mises à disposition, les sites de m-commerce ou les applications dédiées au vin peuvent être plus faciles à utiliser. Les professionnels du vin, y compris les cavistes, les viticulteurs et les commerçants travaillant dans l'industrie vinicole, peuvent générer un état d'esprit positif en développant des plates-formes numériques faciles à utiliser : c'est un facteur clé fondamental qui peut augmenter les intentions d'achat, de partage ou de recommandation des consommateurs de vin. Matt Brocklehurst, responsable du marketing produit pour Google, explique : « Ces jours-ci, nous sommes constamment connectés, passant d'un appareil à l'autre pour la communication, le shopping et le divertissement. Une recherche a révélé que 90 % des personnes se déplacent entre les appareils pour atteindre un objectif. Ces "contrôleurs séquentiels" s'attendent maintenant à une superbe expérience, indépendamment de ce qu'ils utilisent pour naviguer, que ce soit un PC, un ordinateur portable, une tablette, un smartphone ou une télévision » (Riant, 2014). À cet égard, nous prévoyons que les réseaux sociaux joueront un plus grand rôle à l'avenir, en offrant à ces professionnels et aux consommateurs la possibilité de développer une relation intime.

• • •

En effet, les marques de vin ont déjà commencé à exploiter et à faire progresser le potentiel des réseaux sociaux. Par exemple, les applications Vinissimus et Vivino, et des sites de m-commerce professionnels tels que vinpark.eu[1] et wine-searcher[2], ainsi que des viticulteurs tels que Lightfoot & Wolfville, ont tous commencé à inclure un site Web responsive* permettant à leurs entreprises d'optimiser l'expérience du site Web à travers différentes tailles d'écran, sans créer plusieurs sites Web ou applications, pour rivaliser efficacement dans ce marché féroce.

Un autre aspect à prendre en compte est le progrès technologique, très pertinent pour l'utilisation des écrans tactiles et la géolocalisation commerciale, qui offrent de nouvelles perspectives pour consolider la relation entre les consommateurs de vin et les professionnels du vin. En outre, il est important de fournir un contenu divertissant. La facilité d'utilisation et la jouabilité de l'interface peuvent être combinées avec un contenu divertissant, ce qui est particulièrement pertinent pour un produit qui conduit souvent à des moments de convivialité, lors d'un dîner par exemple. Dans cet esprit, il est intéressant de noter l'exemple d'Amazon, le leader du e-commerce (Fevad, 2017), qui affirme que son application, bien que dédiée au shopping, devrait être téléchargée à des fins divertissantes (voir figure 1.4). Dans cette publicité destinée à promouvoir le téléchargement de l'application, l'entreprise ne se réfère pas explicitement au processus de choix et d'achat des produits dans la publicité (ceci n'est évoqué que de manière imagée dans le logo représentant un panier et les photographies des produits).

Figure 1.4 – Publicité sur mobile qui encourage les utilisateurs à télécharger l'application, extrait d'Internet le 5 mai 2017[3]

1 https://www.vinpark.eu/

2 https://www.wine-searcher.com/

3 Pour aller plus loin, lire l'article qui se trouve ici : http://urlz.fr/7pq6

FICHE PRATIQUE

QUELQUES INNOVATIONS DANS L'E-COMMERCE

Parmi les innovations auxquelles s'attendre dans le secteur du e-commerce, nous pouvons évoquer le « *click and collect* »* à reconnaissance vocale, le paiement, la reconnaissance visuelle, la réalité virtuelle, l'intelligence artificielle, l'utilisation du réseau social Instagram comme canal de vente, la géolocalisation, le supply chain management[1] et les chatbots augmentés.

• ***Le click and collect à reconnaissance vocale*** consiste dans le développement d'une application mobile de *click and collect* utilisant la technologie de Google. Plutôt que de faire défiler les articles, le consommateur appuie sur l'icône en forme de micro pour activer la fonction vocale et prononce le nom du produit voulu. Bien entendu, la personnalisation pourra être effectuée en fonction du profil du client ; ainsi, l'application permettra de pousser des promotions* ou une marque diffusant du contenu en lien avec les articles consultés par le client. Le paiement peut aussi s'effectuer sous la forme d'un encaissement direct sur une tablette afin d'offrir une expérience unique tout au long du parcours d'achat. La reconnaissance faciale effectuée par le robot facilite l'identification du consommateur et l'accès à son compte direct.

• La ***réalité virtuelle*** permet d'un simple geste des doigts de l'utilisateur de faire tourner et d'examiner sous toutes les coutures un produit. Sur un ordre vocal, il est ensuite facile de procéder à l'achat de celui-ci avec bien sûr la possibilité de le personnaliser par la suite.

• Un ***moteur de reconnaissance visuelle*** intégré à une application ou à un site mobile d'une marque peut offrir la possibilité d'accéder directement aux produits en prenant une photo d'un article, par exemple un vêtement ou un appareil électroménager. Le site peut alors localiser un article similaire dans le catalogue d'un détaillant.

• ***L'intelligence artificielle*** entre dans le cadre du e-commerce en complément des réseaux sociaux. Après s'être mis en relation avec la marque grâce au réseau social, il suffit de photographier le produit souhaité pour que le moteur de recherche visuel propose au client la référence du produit ou des produits visuellement proches ainsi que des articles

• • •

1 Supply Chain Management = gestion de la chaîne logistique.

complémentaires permettant d'agrandir sa garde-robe. Cette technologie peut également être implémentée sur un site Web. L'intelligence artificielle propose au consommateur des suggestions toujours plus personnalisées grâce à des moteurs de recommandation. Elle nous habitue aux échanges avec des agents conversationnels ou chatbots qui nous orientent dans nos recherches.

• Des marques proposant des ***étiquettes électroniques*** s'associent à des entreprises pour permettre l'ajustement des prix affichés en temps réel selon l'offre et la demande. Un algorithme de machine learning* alimenté par des données provenant de diverses sources telles que la production, les ventes, l'open data, la fréquentation du magasin, les réseaux sociaux... est ainsi créé. Il a pour fonction de prédire l'évolution de la demande et d'offrir des propositions toujours plus fines par rapport aux attentes du consommateur. Ainsi, l'algorithme peut prédire une baisse de la demande dans un point de vente, entraînant une mise à jour des prix à la baisse et leur affichage sur les étiquettes actualisées en temps réel. L'IA permet ainsi de simplifier le parcours d'achat en point de vente en orientant le consommateur vers les tarifs qui correspondent le plus à ses attentes. C'est ainsi que ça se passe dans les nouveaux magasins Amazon Go. Amazon décrit la technologie utilisée dans son magasin comme étant « la vision informatique, la fusion des capteurs et le *deep learning* » (Forbes, 2018). En plus de suivre les clients dans le magasin, le système est capable de vous associer à ce que vous achetez. Il doit être capable de comprendre que c'est vous qui êtes en train de prendre un yaourt, et non la personne qui se tient à côté de vous. Il doit comprendre que, finalement, vous ne prendrez pas ce paquet de chips lorsque vous l'aurez replacé sur les étagères après l'avoir mis dans votre panier. Ensuite, il doit être capable de vous facturer et non la personne qui est sortie du magasin quelques secondes avant vous. Si le système fait une erreur, Amazon ferait aussi bien d'embaucher un caissier... Voici résumé le principe de l'intelligence artificielle selon Amazon mis en avant dans son concept store Amazon Go. Ce système d'étiquette électronique permet aux clients de repérer facilement des produits ou des promotions en linéaire dans les magasins et ainsi de faciliter le rangement et le réassort pour les employés de ce dernier.

• ***Instagram***, qui devient l'un des réseaux sociaux les plus utilisés de par sa facilité d'utilisation et son concept simple qui consiste à faire défiler des images vers le bas de l'écran, permet d'intégrer Commerce Cloud

Shopping de Salesforce[1] et ainsi de connecter des catalogues de produits au réseau social, de taguer des produits dans leur publication et de créer du contenu pour se servir d'Instagram comme canal de vente.

• D'autres ***plates-formes*** permettent d'offrir une vision complète de leur Supply Chain (point de vente, centre de distribution, usines, etc.) sur toutes les étapes de la planification de la chaîne d'approvisionnement. Elles permettent de détecter en temps réel les nœuds statiques de la chaîne de distribution grâce à la technologie blockchain qu'elle utilise. Cette plate-forme est capable de retracer et de déterminer où se situe le problème notamment en cas de produit défectueux ou contaminé. Des alertes sont envoyées, proposant différents scénarios pour agir rapidement. Il est aussi possible d'incorporer des données météo ou des données sur les systèmes de transport, sur les stocks ainsi que des informations captées à travers les réseaux sociaux pour augmenter la finesse et la qualité du service. Des logiciels existent par ailleurs, permettant d'optimiser la logistique et de mieux gérer les retours d'articles en hausse avec la croissance de l'e-commerce. Ces logiciels permettent de déterminer où et comment redistribuer les articles retournés ou excédentaires, qu'il s'agisse de retourner dans un magasin, un point de vente ou un entrepôt.

• Le ***chatbot augmenté*** propose de poser des questions et d'y répondre en temps réel ainsi que pourrait le faire une hôtesse dans un magasin. C'est ce que nous voyons avec les enceintes vocales intelligentes déjà évoquées dans cet ouvrage.

L'e-commerce dans le monde

Peu importe le pays, la croissance du commerce mobile ne cesse d'augmenter. Une plus grande part des achats a lieu sur les téléphones, en particulier les applications. L'Amérique latine est en tête de cette croissance avec une augmentation de 32 % des transactions mobiles par rapport à l'année dernière (Criteo, 2018). En incluant les transactions par application, 43 % de toutes les transactions commerciales se font *via* le mobile, les transactions chez les marchands

1 https://www.instagram.com/commercecloud/?hl=en.

de masse progressant de 52 % par rapport à l'année dernière. Les acheteurs aux États-Unis sont plus actifs que jamais sur les mobiles, ils achètent en effet dans tous les domaines, mais moins sur les ordinateurs de bureau et les tablettes. Depuis le troisième trimestre 2016, les transactions réalisées sur les smartphones ont augmenté de 9 %. Et parmi toutes les transactions mobiles, les annonceurs disposant d'une application shopping génèrent 68 % de ces transactions. L'utilisation du mobile peut être à la hausse, mais il semble que la tablette tombe en défaveur côté consommateur à mesure que les smartphones deviennent plus gros et performants. En Europe, les transactions sur tablettes ont chuté de 19 % par rapport à l'année précédente, mais la baisse de 42 % observée au Moyen-Orient et en Afrique est encore plus prononcée. En Amérique latine, les transactions sur tablettes ne représentent que 2 % du total des transactions.

Combiner les données d'intention d'achat permet de voir plus d'achats par acheteur, ce qui signifie qu'il est possible d'avoir une meilleure compréhension de leur parcours client*. En Amérique du Nord, les acheteurs dépensent en moyenne 14 % par commande alors qu'en Europe ils n'en dépensent en moyenne que 12 %. Toutefois, les acheteurs repartis en Asie-Pacifique sont en tête en dépensant 18 % de plus en moyenne par commande. Une réelle opportunité pour la croissance du commerce mobile. C'est en effet l'ère de l'omnicanal, pas seulement aux États-Unis mais dans le monde entier. Alors que les ventes au détail en ligne devraient dépasser les 1 000 milliards en 2027 aux États-Unis, les détaillants doivent tirer parti des tendances interappareils pour prendre part à cette croissance. Ce qui est clair c'est que, comme les acheteurs d'aujourd'hui se rendent en magasin de plus en plus sur le pouce, les ventes en ligne et hors ligne doivent être évaluées ensemble afin de dépeindre l'image du voyageur-shopper pour que les marketeurs puissent améliorer l'efficacité de leurs campagnes.

Parmi les enseignements clés que l'on peut tirer de l'étude réalisée par Criteo (2018), nous constatons que les consommateurs français ne se limitent pas aux écosystèmes fermés, ils sont actifs sur tous les environnements et achètent de plus en plus *via* leur smartphone. Pour cela, il faut favoriser les ventes in-app, ce qui améliore l'engagement des acheteurs sur mobile. En effet les applications représentent 54 % des ventes sur mobile pour les *retailers* investissant conjointement sur les navigateurs mobiles et sur les applications marchandes. Il est aussi utile d'associer les données des différents écrans permettant d'avoir une vue holistique du parcours consommateur, ainsi 28 % des ventes sur ordinateur sont précédées d'un clic sur mobile. Enfin il faut combiner les données d'intention d'achat permettant de mieux appréhender les dépenses de chaque acheteur. À titre d'exemple, les consommateurs matchés sur un autre appareil dépensent en moyenne 8 % de plus par commande (Criteo, 2018).

L'essentiel

- Ainsi que nous l'avons vu, Internet ne cesse de se transformer depuis son apparition en 1994, et son développement dépend désormais en partie de la blockchain.
- Les pratiques des consommateurs orientent tout naturellement les marques à se tourner vers l'IA et la personnalisation.
- Pourvu que l'interface du site d'e-commerce prenne en compte la conception la plus aboutie qu'il soit, l'orientation client du site et les informations mises à disposition, l'e-commerçant peut viser le monde.

Chapitre 2

Mettre en place une stratégie d'e-commerce

Objectifs du chapitre

- **La stratégie e-commerce** se joue sur le long terme, doit être immuable et rarement exprimée ou explicite.
- **4 phases d'analyse et d'action** sont alors à mettre en œuvre : l'initiation de la stratégie, la formulation de la stratégie, le déploiement de la stratégie, la révision éventuelle de la stratégie.
- **Un zoom sur le RGPD** (règlement général de la protection des données) aide à comprendre ce qui va changer pour l'e-commerce et l'innovation avec ce nouveau règlement.

« Il n'y a pas de précurseurs, il n'existe que des retardataires. »

Jean Cocteau

Après avoir préparé un diagnostic des attendus, l'entreprise doit positionner son offre vis-à-vis du marché, tout en identifiant les avantages qu'elle doit mettre en avant.

Les racines de la stratégie

L'étymologie et l'utilisation du mot stratégie proviennent du grec *stratos* qui signifie armée et *ageîn* qui signifie conduire. La notion de stratégie doit beaucoup à la stratégie militaire et ce sont les stratèges qui étaient chargés de la guerre. La stratégie s'inspire de la guerre ; exemple : gérer la stratégie de votre concurrent selon l'approche du général Patton. La stratégie démarre doucement dans les années soixante avec quelque chose qui peut s'apparenter à de la stratégie, le marketing. Mais ce n'est pas encore de la stratégie car on veut s'adapter au marché mais on ne considère pas l'influence et la lutte avec les autres concurrents.

La stratégie consiste à conduire l'armée ou à établir son projet de création de site d'e-commerce dans notre cas, et en cela elle se caractérise par un aspect :

- long terme ;
- immuable[1] ;
- rarement exprimé ou explicite.

Avec pour objectif la réponse aux attentes des parties prenantes, l'obtention d'un avantage concurrentiel et la création de valeur pour les clients, la stratégie consiste en une allocation de ressources qui engage l'organisation dans le long terme

1 Qui demeure inchangé, ne subit pas ou ne paraît pas subir de modification pendant un temps relativement long (Larousse).

en configurant son périmètre d'activité. Toutes les organisations sont ainsi confrontées au défi du management stratégique.

Dans le cadre de l'élaboration d'une stratégie de commerce électronique il est important d'identifier les principales étapes permettant d'élaborer la stratégie. Pour cela il va falloir diagnostiquer les ressources et les compétences mises à la disposition de l'entreprise, comprendre les enjeux associés à l'élaboration de la stratégie, essayer de repérer les facteurs clés de succès de l'activité de commerce en ligne et identifier les avantages à mettre en avant auprès des clients. Il convient par la suite de définir un modèle de revenu qui soit le plus réaliste possible et pour cela de comprendre les enjeux de l'externalisation des activités de la chaîne de valeur du site Web marchand. Il faudra définir et positionner l'offre sur le site pour comprendre les problématiques de financement que l'activité de vente en ligne pourra poser. Enfin, comprendre les enjeux qui sont associés à la révision de la stratégie qui servira à construire le business plan nécessaire au site Web marchand.

Pour que la démarche stratégique soit complète, il est important de mettre en œuvre 4 phases d'analyse et d'action que sont : 1) l'initiation de la stratégie comportant l'analyse du contexte, le diagnostic des ressources et des compétences dont dispose l'organisation, 2) la formulation de la stratégie avec le choix des options à retenir ou à écarter, 3) le déploiement de la stratégie ou la mise en œuvre des moyens notamment financiers doit être formulée et enfin 4) la révision éventuelle de la stratégie avant le lancement du site.

L'initiation de la stratégie

Dans un premier temps, il est important d'analyser le contexte stratégique dans lequel se trouve l'entreprise afin d'évaluer les ressources et les compétences qui sont à sa disposition. Il sera ensuite possible de déterminer les missions à donner et les buts à atteindre dans la nouvelle activité incorporant l'e-commerce.

À la manière d'un SWOT utilisé en marketing (*strength* = force ; *weaknesses* = faiblesse ; *opportunities* = opportunités ; *threats* = menaces), l'analyse du contexte stratégique comprend deux étapes importantes : l'analyse des menaces et l'analyse des opportunités.

■ L'analyse des menaces

L'analyse des menaces est une phase cruciale notamment après que de nombreuses entreprises ont cru pouvoir faire fortune sur Internet et qu'elles aient lamentablement échoué par manque d'analyse exhaustive des menaces. Prenons l'exemple d'une entreprise spécialisée dans la confection de sandwichs et cherchant à s'établir par le biais d'un site « *click and collect* ».

L'analyse des menaces va consister à vérifier que la clientèle habituelle est aussi susceptible d'acheter par Internet par exemple. Il faut envisager que les autres sites utilisent des comparateurs de prix, des guides d'achat ou des UGC* (contenu généré par l'utilisateur) comme La Fourchette ou TripAdvisor indiquant directement au consommateur ce que fait la concurrence pour ce type de produits.

■ L'analyse des opportunités

L'analyse des opportunités à saisir est aussi une phase fondamentale lors de la préparation de la stratégie e-commerce d'une entreprise dans le but de faire croître celle-ci. Il peut s'agir par exemple de réduire les coûts si nous reprenons notre exemple concernant la confection de sandwichs et si l'entreprise imagine vendre 10 fois plus de sandwichs que dans son magasin, il lui faut dès le départ envisager les opportunités qui résident dans la standardisation des processus lors de la confection. Ainsi, en achetant sur un site, le client réalise l'essentiel du processus d'achat lui-même ce qui aura pour effet de diminuer bon nombre de coûts, par exemple celui que représente le pas-de-porte d'un magasin situé en centre-ville ou un emplacement sur un marché ou encore le coût de la main-d'œuvre destinée à vendre en temps normaux.

D'autres frais inhérents à la vente par Internet existent, qui sont à prendre en considération. Ils peuvent être liés à la logistique par exemple (mise en colis et livraison notamment) ou au recrutement des clients par le biais de démarches marketing (créer le buzz, mettre en place des campagnes publicitaires, d'affiliation ou de référencement) ou à la mise à jour des informations contenues sur le site Web marchand et autres réseaux sociaux (webdesign, community management, etc.).

Il est donc prudent de ne pas partir dans la création d'un site Web marchand en se disant qu'il coûtera moins cher à gérer qu'un magasin par exemple : il y a juste déplacement des coûts par rapport à la vente en magasin. Parmi les opportunités du e-commerce existent aussi des opportunités de croissance, par exemple en recrutant de nouveaux clients grâce à un ciblage géographique plus précis ou en visant des zones jusqu'alors non desservies. Le ciblage en fonction de critères sociodémographiques est très facile avec Internet dès lors que l'on accède à des bases de données qui permettent de faire le tri parmi des consommateurs, ce qui est moins évident depuis la mise en place du RGPD.

Le RGPD

Ce qui va changer pour l'e-commerce et l'innovation suite à l'arrivée du RGPD

La Fevad (Fédération des enseignes de vente à distance) s'est entretenue avec Étienne Drouard, associé au sein du bureau de Paris du cabinet d'avocats K&L Gates, afin d'avoir une idée plus précise de ce qui allait changer dans les mois prochains en ce qui concerne le secteur du e-commerce et de l'innovation suite à l'arrivée récente du RGPD (Règlement général de la protection des données).[1]

Selon lui, l'un des premiers défis auxquels vont devoir s'atteler les entreprises souhaitant faire du e-commerce concerne la relation avec les autres entreprises, mais aussi leur manière de travailler en interne. En effet, elles

• • •

1 Source : Fevad (2018) l'entretien du mois – Étienne Drouard.

doivent cartographier leurs relations avec les partenaires et prestataires qui traitent avec eux des données. Cette cartographie doit leur permettre de définir ou amender les relations contractuelles entre les e-commerçants et leurs prestataires et partenaires pour clarifier les rôles et responsabilités et la collaboration à la conformité réglementaire, notamment au sujet du droit des personnes, de la sécurité mais aussi des flux de données.

Il est ainsi demandé aux entreprises de documenter et de justifier l'usage des données notamment lorsque des profils ou des centres d'intérêt sont établis par le biais d'algorithmes, de filtres et autre systèmes permettant des croisements, et d'en connaître toujours plus sur le comportement du consommateur.

Étienne Drouard parle alors d'élaborer des *Privacy Impact Assessment*, ou PIA, constituant une analyse de l'impact des usages des données sur leur protection et sur la vie privée des personnes dans le but de démontrer qu'un tel impact est mesuré et assorti de garanties effectives de conformité à la réglementation. Le PIA peut ressembler à un examen de conscience soumis à un examen de confiance de conformité par les régulateurs, les partenaires commerciaux, les consommateurs. Il faut pouvoir dire, comme l'explique Étienne Drouard à la fin de cet exercice : « Je pense que c'est utile pour notre entreprise et je démontre que c'est justifiable et proportionné pour la protection de la vie privée des clients. »

Le RGPD est le nouveau cadre européen organisant le traitement et la circulation des données à caractère personnel. Ce texte couvre l'ensemble des résidents européens et instaure un cadre unique pour les 28 pays membres. Il a été mis en application le 25 mai 2018 et abroge de ce fait la précédente directive datant de 1995.

Dans un entretien accordé au journal *lesoir.be* du 24 mai 2018, Marc Tarabella, député européen belge, alliance progressiste des socialistes et démocrates, explique : « Il était nécessaire de mieux protéger le citoyen contre l'utilisation des données qu'il peut laisser au travers des différents fichiers qui sont faits à son égard, que ce soit administratifs, chez le médecin, à l'hôpital, dans les magasins où l'on a une carte de fidélité ou tout simplement sur Facebook. La règle antérieure datait de 1995, heure à laquelle Internet en était encore aux balbutiements. Aujourd'hui tout cela a évolué et il était nécessaire de protéger les données parce que tous les grands opérateurs d'Internet (Google, Amazon, Facebook, Apple, Microsoft...) sont américains. Et la mentalité américaine, c'est de faire du business et de ne pas respecter l'utilisation de vos données. »

Marc Tarabella revient sur les personnes potentiellement concernées par ce nouveau règlement : « Concrètement aujourd'hui toute personne qui a une adresse mail ou un accès Internet et qui reçoit des mails de compagnies souvent privées et aussi des autorités publiques peut être concernée. Il y a deux catégories de données : la première concerne la date de naissance, l'adresse, etc. mais il y a aussi des données sensibles comme des caractères médicaux et il faut s'assurer qu'elles ne sont pas utilisées par exemple à des fins commerciales. » Le député explique que « chaque État membre doit maintenant transformer sa commission de la vie privée en une autorité nationale qui sera chargée de surveiller et de garantir aux citoyens que ce règlement est bien appliqué. Des amendes sont prévues au niveau européen et ce n'est pas de la rigolade », souligne Marc Tarabella. Les amendes pourront grimper jusqu'à 20 millions d'euros pour les grosses compagnies soit 4 % du chiffre d'affaires annuel.

Le RGPD consiste à harmoniser au sein de l'Union européenne la législation encadrant la protection des données personnelles*. Ce règlement remplace les lois et directives nationales de 28 états de l'Union. Par données personnelles il faut voir toute information qui se rapporte à une personne physique, qu'elle soit identifiée ou identifiable [...], directement ou indirectement, notamment par référence à un identifiant, tel qu'un nom, un numéro d'identification, des données de localisation, un identifiant en ligne ou à un ou plusieurs éléments spécifiques propres à son identité physique, physiologique, génétique, psychique, économique, culturelle ou sociale. CNIL – textes officiels, règlement européen 2016-679.

Les opportunités de croissance peuvent être liées à un élargissement de la cible à l'international même si de nombreuses barrières existent, notamment pour des produits comme le vin. Des frais de douane existent à l'intérieur de certains pays, ce qui n'aide pas la distribution de ce produit au sein d'un même pays parfois. Les opportunités de croissance peuvent avoir trait à un élargissement de l'offre en produits et services : pensons aux produits complémentaires lors de l'achat qui sont proposés aux clients sur la page qu'il visite.

Une très bonne connaissance du comportement du client en ligne permet là encore d'agrémenter l'offre sur le site Web marchand ce qui va favoriser d'autres opportunités de croissance. Aujourd'hui, enrichir l'expérience du consommateur lorsqu'il effectue une phase de shopping, constitue l'un des fers de lance du commerce électronique.

La personnalisation de la relation effectuée par le biais d'une analyse des fichiers logs (ou cookies)* dans le cas d'un achat sur un site ou par le biais d'une caméra à reconnaissance faciale lors de la visite en magasin, consécutive ou préalable à la visite d'un site Web marchand, constitue l'un des atouts favorables à la personnalisation de l'offre au client. En resserrant les liens entre la marque et son client grâce aux différents canaux mis à sa disposition dans une démarche omnicanale, l'entreprise va générer plus de trafic que ce soit en magasin ou sur le site et habituer le consommateur à la fois à cette distance mais aussi à cette proximité. Des magasins dont la surface est limitée permettent par exemple aux clients de voir le catalogue étendu des produits disponibles sur une tablette et de faire l'achat dans le magasin, permettant au client de se sentir aidé, conseillé voire pris par la main par le vendeur. Ou par la vendeuse.

Les buts sont différents lorsqu'il s'agit d'un pure player (société qui n'existe que sur Internet), étant donné qu'il doit apporter un nouveau produit ou service par rapport au marché s'il veut survivre. Cela fait beaucoup d'arguments à déployer en même temps, qui sont à l'origine de nombreux échecs.

Choisir de mettre en place une stratégie sur Internet risque aussi de modifier les habitudes des clients qui risquent, avec le temps, de préférer un canal plutôt qu'un autre. C'est la raison pour laquelle certaines entreprises peuvent décider de s'implanter sur un nouveau marché après que leurs clients ont montré des préférences pour ce canal.

Afin d'être complet par rapport au SWOT, après avoir analysé les menaces et les opportunités, il convient d'examiner les forces et les faiblesses de l'entreprise en ce qui concerne la mise en place d'une stratégie d'implantation sur Internet.

■ Les forces de l'entreprise

Parmi les forces principales permettant à l'entreprise de réussir dans sa stratégie e-commerce, il faut bien entendu une base de données à la fois de fournisseurs et de clients, accompagnée d'un catalogue de produits et/ou services. La marque doit être reconnue et des moyens permettant de créer du trafic sont à envisager. Une taille critique, la connaissance des systèmes d'information adaptés, une logistique capable de traiter les commandes et d'assurer la livraison, l'identification des partenaires avec qui travailler, que ce soit pour les approvisionnements mais aussi pour tout ce qui a trait à la livraison, compte beaucoup. Il sera aussi important de faire travailler des experts en référencement, en publicité, en community management, pour mieux comprendre les comportements des clients lors de leur visite sur le site, sur l'application ou sur les réseaux sociaux. Il est aussi très intéressant de pouvoir élargir l'offre des produits et des services en fonction des retours des clients notamment par le biais des commentaires qu'ils peuvent laisser dans les zones réservées à cet effet. Que faire aussi des produits qui n'ont pas été vendus ? Cette gestion quotidienne compte parmi les ressources et les compétences nécessaires au lancement d'un site Web marchand.

La formulation de la stratégie

Une fois la stratégie initiée, il est temps de mettre en place la mission que l'on souhaite donner à l'activité e-commerce ainsi que les buts à atteindre, en incorporant les domaines d'activité stratégique (DAS) qui doivent être pris en compte.

Il est important de bien définir la mission ou l'activité du site d'e-commerce, c'est-à-dire se demander s'il s'agit de reproduire l'activité existante en magasin par exemple ou de créer une nouvelle activité qui sort du périmètre habituel, afin de conquérir éventuellement de nouveaux marchés.

Afin de définir la mission de la manière la plus fine possible, il est souhaitable d'utiliser le concept de *réseau de valeur* afin de déterminer la place que l'entreprise compte prendre entre le producteur et le client. Ainsi le site e-commerce doit se positionner et dire s'il se concentre sur l'achat ou la revente de produits par exemple.

La question peut se poser pour le responsable du site de savoir s'il est intéressant de mettre en relation les acheteurs et les vendeurs. Avec le déploiement des agents intelligents (ou agents virtuels ou chatbots), qui sont des représentations de la marque, prêts à entamer la discussion avec les clients sur une interface du site Web, difficile de ne pas penser à mettre en relation acheteurs et vendeurs. Avec le déploiement de places de marché comme Amazon ou eBay, les sites marchands deviennent tout à la fois commerçants et intermédiaires, vendant des produits achetés pour être revendus et prenant des commissions à chaque vente. Des conflits d'intérêts peuvent alors exister, qu'il faudra envisager lors de la formulation de la stratégie et selon les facteurs clés de succès (FCS) que l'on souhaite mettre en avant dans la stratégie e-commerce.

Les facteurs clés de succès se distinguent entre les FCS nécessaires permettant au site e-commerce de survivre et les FCS suffisants, qui permettent de se développer et de prendre des parts de marché à la concurrence. Différent FCS existent : il faut donc les identifier. Avec les FCS favorables au référencement des produits achetés et qu'il faut revendre dans les meilleures conditions, il faut envisager que le site attire le client et lui donne envie d'acheter. Il faut bien connaître le client et lui proposer des offres croisées correspondant à ses attentes, proposer une offre attractive et montrer que la livraison s'effectue dans de bonnes conditions en ce qui concerne le temps et en ce qui concerne la qualité de cette dernière. Montrer qu'un système de gestion de la relation client (CRM = *Customer Relationship Management*) est en place, permettant de prévenir ou de gérer les conflits éventuels avec les distributeurs ou avec les points de vente avec qui le site fonctionne, va aussi compter pour un consommateur qui n'aime pas se retrouver seul avec la marque quand ça va mal. Ceci aura pour effet de rassurer le visiteur, le prospect ou le consommateur sur le site Web marchand.

Pour un vendeur de sandwichs souhaitant mettre place un site de *click and collect*, l'un des principaux FCS sera dans l'aspect qualitatif du sandwich qui doit être à la fois chaud (ou froid) et croustillant au moment où le client vient chercher son panier, quelque temps après la commande. L'idéal sera d'être à l'écoute du client qui pourra, que ce soit sur le site ou lorsqu'il viendra retirer son produit, donner ses commentaires, pour tenter d'améliorer l'offre en ce qui concerne les modalités de consultation du site ou de livraison.

L'entreprise devra procéder à un examen de ses avantages concurrentiels pour mener à bien la formulation de sa stratégie en se focalisant sur les avantages comparatifs, qui la différencie de ses concurrents, et les avantages compétitifs, qui font que les consommateurs préféreront se rendre sur son site plutôt que sur celui de la concurrence. Des frais de livraison offerts peuvent par exemple constituer un avantage compétitif. Une livraison effectuée grâce à un coursier qui se déplace à vélo peut aussi constituer un avantage compétitif, si les clients sont préoccupés par des valeurs éthiques par exemple (figure 2.1).

Figure 2.1 – Image de vélo de coursier dans Paris, synonyme de respect de l'environnement pour le client qui fait appel au site d'e-commerce qui effectue un achat

Afin de viser juste, le site e-commerce doit se préoccuper de la cible visée. Ainsi, des questions concernant les clients visés doivent être posées car chaque cible répond différemment aux propositions faites sur un site Web. Est-ce que le site Web marchand s'adresse aux clients habituels ou est-il dans une conquête de nouvelle cible ? Pour diminuer le risque d'échec, il faut prendre en considération ces différents profils. Des typologies de clients peuvent ainsi être établies en fonction des statistiques de l'INSEE, ou en fonction des tendances actuelles sur Internet qui peuvent être appréhendées par la lecture de livres blancs[1] comme ceux de Criteo[2] ou de la Fevad[3] pour ce qui concerne le marché français. Le Web regorge d'outils, de livres blancs et de sites permettant d'effectuer un ciblage adéquat.

La proposition de valeur peut ainsi être établie prenant en considération des avantages comparatifs qui devront être durables, pertinents, réalistes, différenciés, soit tout ce qui a trait à la stratégie comme évoqué en introduction, c'est-à-dire s'inscrire sur du long terme, être immuable et rarement exprimée ou explicite.

Ainsi un vendeur de sandwichs qui propose des tarifs intéressants et un assortiment assez large avec des produits relativement nouveaux et néanmoins disponibles, personnalisés en fonction des goûts des clients, le tout sur un site offrant une interface simple, facile à utiliser, belle sur un plan esthétique mais aussi ergonomique, accessible, utilisable, reposant sur un système de commande simplifiée tout en étant rassurant au niveau du paiement, garantissant une livraison rapide et de qualité avec éventuellement des services en plus comme la possibilité de commander le même repas que la fois précédente, ne peut que performer.

---

1 Un livre blanc (*white paper* en anglais) est un outil de communication se positionnant comme un guide pratique pour son lecteur. Il répond à une problématique prédéfinie et aide le lecteur à opter pour une solution ou à prendre une décision. Le livre blanc peut être édité par des organismes institutionnels.

2 https://www.criteo.com/

3 https://www.fevad.com/

Ceci va permettre au responsable du site Web marchand de positionner son offre et pour cela il lui faut savoir quels sont les bénéfices qu'il souhaite acquérir en ayant une connaissance précise de sa cible et de ses clients en général.

Le déploiement de la stratégie

Cette phase est critique dans la mise en place de la stratégie de l'entreprise de création d'un site Web marchand car si elle est mal exécutée elle peut conduire à l'échec rapidement. Une des parties importantes concerne le modèle de revenus que souhaite adopter le gérant du site. Plusieurs sources de revenus existent comme faire une marge commerciale, prendre des commissions, gagner de l'argent grâce aux revenus publicitaires ou encore grâce aux revenus d'affiliation ou être payé pour chaque prestation de service.

FICHE PRATIQUE

LES SOURCES DE REVENU PRINCIPALES DU E-COMMERCE

La marge commerciale

La marge commerciale établie sur la base de la différence entre la vente de marchandise est le coût d'achat des marchandises. Il est assez facile d'imaginer qu'un sandwich coûte 3 € de matières premières et soit vendu 5 € en ligne.

Les commissions

Les commissions concernent davantage les sites de consommateurs à consommateurs comme Airbnb par exemple. Ce modèle caractérise difficilement les sites de vente directe comme notre vendeur de sandwichs.

Le revenu publicitaire

Le revenu publicitaire vient de l'espace vendu à des régies et rémunéré en fonction du nombre des visites effectuées sur le site. Le trafic va

• • •

donc entraîner un prix de l'espace publicitaire variable et rémunérer le site Web marchand qui aura suffisamment de visites.

Le revenu d'affiliation

Le revenu d'affiliation consiste à toucher une commission dès lors qu'un autre site se servira du site Web marchand pour vendre ses produits et services. Par exemple un site qui confectionne des sandwichs mettant en avant un ouvrage d'un autre site Web qui vend des livres sur la confection des sandwichs, touchera un revenu d'affiliation pour chaque vente des ouvrages effectués sur la page du site Web marchand de vente de sandwichs.

La prestation de service

Une prestation de service peut être considérée comme un service complémentaire au produit donné. Par exemple, faire bénéficier du service de livraison mis en place pour un site Web marchand de vente de sandwichs à un autre prestataire travaillant à proximité et affilié au site Web.

Une fois choisi le modèle de revenu, la question peut se poser des activités effectivement réalisées, soit par le responsable du site Web marchand, soit par d'autres prestataires. Parmi les différentes possibilités d'externaliser, tout ce qui concerne le Web design est bien souvent réalisé par une agence externe. De même pour l'hébergement, le référencement ou la livraison, le responsable du site Web marchand peut choisir d'externaliser ces activités. Il est aussi tout à fait possible d'internaliser afin de développer de nouvelles activités en interne dans une logique de minimiser les coûts tout en favorisant l'innovation à l'intérieur de l'entreprise.

Ces choix entraînent une mise sur le marché du site Web marchand plus ou moins rapide et la question de la vitesse peut alors être posée. Veut-on absolument être le premier au risque de survoler certaines étapes ou au contraire, en étant pointilleux sur chacun des maillons de la chaîne, n'y a-t-il pas un risque de perte de temps ? Une montée en puissance progressive peut être la clé. Ainsi, avoir une simple présence sur Internet favorise une meilleure évaluation des opportunités de vente et un premier développement des compétences. Ce développement des compétences permet par la suite d'obtenir une meilleure connaissance des produits, technologies et consommateurs potentiels. Vient ensuite l'étape de création de valeur, avant le déploiement des processus et des technologies qui permettront par la suite de maximiser la valeur. Cette étape peut donner lieu à la rédaction du business plan (plan d'affaires) du site e-commerce à destination d'investisseurs potentiels qu'il faut convaincre pour être financé.

Clair et concis le plan d'affaires doit donner confiance aux investisseurs pour que ces derniers soient convaincus. Il comporte diverses parties telles qu'une note de synthèse, une présentation du projet et de l'équipe, une analyse du marché et du positionnement concurrentiel, une description des moyens à mettre en œuvre. Le business plan détaille aussi des éléments liés au financement ainsi qu'aux aspects juridiques. Les dépenses devront être expliquées dans la perspective d'une exploitation normale du site Web marchand. Ainsi une fois le modèle d'affaires retenu, il convient de montrer quels revenus sont envisagés et de faire des propositions de prévisions de chiffre d'affaires. Ce dernier va dépendre principalement du trafic sur le site, des visiteurs mais surtout de la transformation, c'est-à-dire de la conversion* des visiteurs en acheteurs et finalement du montant moyen du panier d'achat réalisé sur une année.

La révision de la stratégie

L'environnement du e-commerce est très mouvant et par conséquent la stratégie initiée et déployée initialement risque d'être modifiée quelques mois suivant la mise en fonction du site Web marchand. L'ouverture d'un site expérimental ou qui ne présenterait qu'une partie seulement de l'assortiment final du site Web marchand peut constituer une manière de se lancer en effectuant des tests et en vérifiant que certaines zones de chalandise sont propices par rapport à d'autres à une distribution dans de bonnes conditions. Le tout consiste à apprendre progressivement à vendre sur Internet de manière à ne pas entrer en conflit avec sa main-d'œuvre, ses clients, ses fournisseurs et toutes les personnes avec qui on travaille habituellement. Une montée en charge progressive du site permettra au responsable de mieux appréhender les ressources et les compétences nécessaires pour être suffisant et faire en sorte que tout se passe pour le mieux.

Le modèle d'affaires pourra évoluer face aux contraintes et face aux échecs connus durant la période de mise en place d'un modèle d'affaires donné. Ainsi, un élargissement de l'offre, un changement de cible, un repositionnement ou la duplication d'un magasin dans un autre secteur de la ville pourront être des raisons de modifier le modèle d'affaires. Dans tous les cas il importera de bien sélectionner les fournisseurs pour toujours acheter les bons produits, de gérer au mieux les problèmes de logistique afin d'assurer un service au consommateur le plus irréprochable possible car la concurrence est vive dans le monde du commerce électronique. La prise en compte des avis des consommateurs sur les UGC (*User Generated Content*), c'est-à-dire les réseaux sociaux ou les sites spécialisés dans le produit ou service vendu sur le site Web marchand, va aussi jouer en faveur d'un remaniement du modèle d'affaires, car la parole du client demeure le fer de lance du responsable du site.

Figure 2.2 – Les étiquettes de vin en Chine

Les étiquettes de vin en Chine doivent être en chinois, doivent contenir des informations, y compris toutes les questions mandatées dans l'UE, doivent inclure une liste d'ingrédients et des mises en garde obligatoires sur la santé telles que « L'abus d'alcool est dangeureux pour la santé ». Enfin, toutes les étiquettes de vin doivent être pré-approuvées par l'administration de la Chine de surveillance de qualité, d'inspection et de quarantaine avant l'importation.

Les sites qui souhaitent s'internationaliser devront prendre en considération les lois et autres spécificités juridiques, ainsi que les habitudes comportementales de la population du pays visé pour mieux pénétrer celui-ci. Certains pays sont plus attentifs à l'environnement par exemple et seront donc attentifs à la façon dont sont envoyés les colis ou comment sont distribués ces derniers.

Sur un site d'e-commerce, les données personnelles recouvrent l'adresse e-mail, l'état civil, des photos, l'adresse IP[1], le numéro de téléphone, l'adresse postale, voire des empreintes digitales… Étant

1 L'adresse IP (*Internet Protocol* = Protocole Internet) est un numéro d'identification attibué à un branchement à un réseau informatique.

donné que la gestion d'un site Web marchand implique de collecter ce type de données personnelles, il est nécessaire de prendre des précautions conformément à la nouvelle réglementation entrée en vigueur le 25 mai 2018, concernant le RGPD.

Les principaux objectifs de la mise en application du RGPD sont au nombre de trois, consistant :

- à renforcer les droits des personnes physiques en leur redonnant la propriété de leurs données ;
- à responsabiliser le responsable du traitement, les sous-traitants ou encore les partenaires.

Il s'agit de crédibiliser la régulation pour en finir avec des années où certains agissements étaient tolérés sans qu'aucune autorité n'ait de regard à porter sur ces derniers.

L'objectif est alors d'apporter une décision commune lorsque cela est nécessaire, lors d'une utilisation frauduleuse des données par exemple. Le RGPD signifie « transparence de l'information », les utilisateurs de sites Web doivent donc savoir ce qui est fait de leurs données. La mise en conformité RGPD passe par cette transparence quant aux informations récoltées. Il peut donc être utile de rédiger une page avec toutes les mentions d'informations obligatoires pour se prémunir. En mettant en place à l'entrée du site un bandeau qui signale la finalité des cookies, le site Web marchand se met en conformité ; en ajoutant une option de consentement indispensable pour que le traceur effectue un suivi des choix et déplacements de l'utilisateur pour la collecte de cookies, le site marchand se met en conformité.

La mise en application d'une politique de confidentialité des données et d'une charte des cookies visible, claire et compréhensible, fait donc partie des prérequis de tout site Web marchand et c'est à chaque visiteur d'accepter ou non l'utilisation des cookies, permettant d'analyser plus en profondeur ses envies et autres comportements de consommateur. Le non-respect de cette mise en conformité du RGPD peut être la source de sanctions comme l'envoi d'un avertissement, de mise en demeure, la limite temporaire ou définitive d'un traitement, la suspension d'un flux de données par exemple. Il est bon de savoir qu'à chaque étape, quelques jours seulement seront accordés pour fournir les réponses aux questions à l'origine de la sanction. Des mentions doivent donc apparaître sur le site Web marchand telles que les coordonnées du responsable de données, des sous-traitants* qui y auront accès et du DPO[1] (*Data Protection Officer*).

Un métier tendance du e-commerce : le DPO (*Data Protection Officer*)

Un nouveau métier a été créé par le RGPD, celui de « *Data Protection Officer* – DPO », qui est un point de contact avec la CNIL et en charge du conseil, de l'audit interne, de la conduite du changement et de la veille technologique. Il tient le registre sur les pratiques de l'entreprise et doit bien connaître les textes juridiques afin d'avoir une équipe capable de vérifier les bases de données, les pratiques de data marketing et les règles de purge, en permanence. Deux types de profils ressortent pour devenir de bons DPO : des juristes d'un côté et des spécialistes de la sécurité de l'autre.

Il est aussi désormais obligatoire de mentionner la finalité de la récolte des données, leur durée de conservation et les conséquences de la non-collecte de certaines informations. Les droits de la personne devront aussi être mentionnés, la procédure de demande de suppression ou de modification de l'information et le processus permettant d'effectuer une réclamation auprès de la CNIL. Enfin des mentions relatives au transfert hors UE doivent apparaître lorsque les informations collectées sur le site Web marchand transitent hors de l'Union européenne. Chaque visiteur du site doit le savoir et il faut aussi connaître les pays qui disposent de leurs coordonnées et du niveau de protection des données du pays destinataire.

1 Délégué à la protection des données.

Avis d'expert

BOCAR KANTÉ, avocat au Barreau de Paris, chargé d'enseignement en droit des technologies de l'information et de la communication à l'université Paris-Est Marne-la-Vallée

LE RISQUE DE CONTENTIEUX DANS LE NOUVEAU RÉGIME DE PROTECTION DES DONNÉES PERSONNELLES

Les sites ou sociétés d'e-commerce représentent un vaste marché depuis l'apparition de la publicité en ligne et du commerce électronique en 1994. Pour leur positionnement, ils ont recours aux achats en ligne, aux cookies, à la publicité par voie électronique, au parrainage, à la prospection, au suivi des consommateurs, etc. Cette utilisation des données personnelles les expose au contrôle des autorités chargées de la protection de ces données. L'affaire SAFARI, révélée par le journal *Le Monde* du 21 mars 1974 a débouché sur la loi Informatique et Libertés de 1978. Depuis cette loi jusqu'au règlement général pour la protection des données personnelles (RGPD) mis en place le 25 mai 2018, en passant par la directive 95/46/CE du Parlement européen et du Conseil du 24 octobre 1995, la loi de 2004-801 du 6 août 2004 et la loi de 2016 sur la République Numérique, le cadre juridique de la gouvernance des données personnelles a évolué de pouvoirs de recommandation à des pouvoirs de sanctions accrues reconnues à la Commission Nationale de l'Informatique et des Libertés (CNIL)[1]. La France a récemment adopté la loi n° 2018-493 du 20 juin 2018 pour la transposition du RGPD. La régulation des données personnelles a ainsi évolué d'une préoccupation de protection des personnes physiques contre la dictature politique vers une protection contre la dictature de pouvoirs privés, notamment les puissances multinationales. C'est une réelle prise de conscience de l'intérêt de la protection des données pour une société démocratique.

• • •

1 La Commission Nationale de l'Informatique et des Libertés est l'autorité administrative indépendante en charge du contrôle de la protection des données personnelles.

• • •

Figure 2.3 – Verrou de sécurité informatique et paiement – Photo de Nicole De Khors

Dans ce contexte, il s'agit d'examiner si le RGPD augmente le risque de sanctions à l'égard des sites ou sociétés d'e-commerce et les actions de prévention et gestion du risque de contentieux. Il semble intéressant de traiter d'abord la prévention du contentieux (I) avant d'examiner la gestion contentieuse des sanctions (2).

Prévention du risque de contentieux

Le RGPD a apporté, non pas une révolution, mais une évolution de la protection des données personnelles. Les nouvelles obligations s'imposant aux entreprises sont les suivantes :

- Intégration de la protection des données personnelles dès la conception des produits et services (*privacy by design**) et la protection la plus protectrice possible (*privacy by default**). Stratégiquement, les sites ou sociétés e-commerce peuvent prévenir les risques de sanction par la minimisation de la collecte des données de confidentialité et de la durée de conservation des données. Il faut préférer le menu déroulant ou cases à cocher aux commentaires libres. Il est obligatoire pour tous les organismes traitant des données personnelles de tenir des registres de traitement ;
- Obligation de désigner un délégué à la protection des données (DPO) personnelles* dans certaines conditions ;
- Obligation de notification de failles et d'atteintes à la sécurité informatique ;
- Obligation d'analyses d'impact des nouveaux produits ou services sur la vie privée des clients (PIA* : *Privacy Impact Assessment*). Cette analyse permet de mieux appliquer

• • •

les concepts de *privacy by design* et *privacy by default*. Elle permet à l'entreprise de s'affranchir de la plupart des déclarations et autorisations de la CNIL ;
- Obligation d'informer les clients sur la finalité de l'utilisation de leurs données personnelles ;
- Respect du droit à la portabilité.

Le RGPD apporte une harmonisation contribuant au renforcement de la sécurité juridique. Ainsi, il a permis la mise en place d'un guichet unique pour un traitement transfrontalier de données à caractère personnel. Il permet un allégement des formalités CNIL en contrepartie d'une protection optimale continue des données personnelles.

Les sites ou sociétés d'e-commerce doivent adopter des actions de conformité pour les achats en ligne, les cookies, la publicité par voie électronique, le parrainage, la prospection, le suivi des consommateurs, etc.

Le RGPD affranchit les entreprises de nombreuses formalités CNIL. Mais elles doivent, pour se conformer au règlement, assurer une protection optimale des données à chaque instant.

Le RGPD les responsabilise. Pour assumer leurs responsabilités, elles doivent se préparer à documenter leur conformité au règlement. Pour ce faire, elles doivent suivre les étapes suivantes :
- Désigner un pilote ou délégué à la protection des données (DPO) personnelles si leur situation l'exige.
- Cartographier leurs données personnelles.
- Prioriser les actions à mener.
- Gérer les risques à travers une analyse d'impact relative aux données personnelles.
- Organiser les processus internes.
- Documenter.

Ces différentes étapes à respecter par les sites ou sociétés d'e-commerce montrent que la conformité doit être un projet ou un service de l'entreprise bénéficiant d'un budget.

Ainsi, documenter la conformité, c'est pour l'entreprise prévenir le contentieux en y mettant les moyens techniques et financiers pour assurer la meilleure protection possible par anticipation des risques.

Ils doivent respecter le droit d'accès des personnes à leurs données, leur droit de rectification, leur droit d'opposition, leur droit à l'effacement et à l'oubli, leur droit à la limitation, le droit à la portabilité, le droit à l'intervention humaine face au profilage ou à une décision automatisée, etc.

• • •

L'exercice de certains droits nécessite une justification alors que d'autres ne l'exigent pas.

Gestion contentieuse des sanctions

L'e-commerce implique la collecte et le traitement des données personnelles des consommateurs. Avec le RGPD, une des règles d'or repose sur la licéité[1] du traitement. La licéité s'apprécie en fonction du consentement de la personne, de l'exécution d'un contrat, de la sauvegarde des intérêts vitaux d'une personne, de l'obligation légale du traitement ou de l'intérêt légitime du responsable de traitement*. Ce principe a repris une vigueur nouvelle. Aujourd'hui, elle conditionne l'exercice de certains droits des personnes, notamment le droit à la portabilité ou le droit d'opposition.

La loi Informatique et Libertés confère à la CNIL le pouvoir d'effectuer, sous le contrôle d'un magistrat, des perquisitions dans les lieux, locaux, enceintes, installations ou établissements servant à la mise en œuvre d'un traitement de données à caractère personnel*, excepté le domicile privé.

La découverte de violations dans le cadre du contrôle de la CNIL peut aboutir à des sanctions administratives. Le responsable de la violation est, dans ce cas, le responsable de traitement. Mais dans le cadre de groupe de sociétés, il peut y avoir une incertitude entre le responsable de traitement et le sous-traitant. La question de l'effectivité de ces sanctions se pose si le responsable de traitement est établi hors de l'Union européenne. La constatation de violations peut aboutir au contentieux administratif et/ou judiciaire.

Les recours contre les décisions de la CNIL relèvent de la compétence en premier et dernier ressort du Conseil d'État. Le délai de recours est de deux mois. Il est possible d'engager un recours gracieux ou de le combiner au recours contentieux.

Le contentieux judiciaire peut concerner les juridictions pénales, civiles ou prud'hommales.

Contentieux pénal : les violations de la loi Informatique et Libertés conduisent à des sanctions pénales limitées dans leur nombre. La CNIL est tenue d'informer immédiatement le procureur de la République, qui lui-même informe la CNIL des poursuites relatives aux infractions signalées mais aussi de la date

• • •

1 Licéité : caractère de ce qui est licite.

• • •

et de l'objet de l'audience de jugement.
Contentieux civil : une personne qui estime subir des dommages du fait de l'utilisation des données personnelles peut demander réparation devant les juridictions civiles. Les sanctions qui peuvent être prononcées sont l'interdiction d'utilisation des données, des dommages et intérêts et l'effacement des données suite à l'exercice du droit à l'oubli.
La protection des données personnelles a présenté un enjeu certain dans le contentieux des licenciements pour faute auprès des conseils de prud'hommes. Certains salariés ont pu bénéficier de jugements déclarant leur licenciement sans cause réelle et sérieuse au motif que le moyen de preuve présenté par l'employeur n'avait pas respecté l'obligation de déclaration à la CNIL.
La réforme de la protection des données personnelles n'a pas changé le type de contentieux. Toutefois le renforcement des droits des personnes pourrait entraîner un risque de hausse du contentieux civil.
Le délégué à la protection des données constitue un allié pour la prévention des violations. Il peut aussi fournir des services de consultation pour faire face à un contentieux. Mais dans ce cas, il doit éviter tout risque de conflit d'intérêts.

L'essentiel

▶▶ Ainsi que nous l'avons vu, l'élaboration de la stratégie e-commerce nécessite de prendre en considération plusieurs phases d'analyse et d'action résumées en quatre points que sont :

- l'initiation de la stratégie ;
- la formulation de la stratégie ;
- le déploiement et enfin ;
- la révision de la stratégie si nécessaire.

▶▶ Le business model doit être posé et bien préparé afin de convaincre des investisseurs potentiels de suivre le responsable du projet. Il faudra pour cela bien spécifier l'offre et envisager tout ce que la cible choisie peut attendre du site d'e-commerce. La cohérence du projet fera montre aux yeux des investisseurs de leur envie d'y aller… ou pas.

Chapitre 3

Inclure l'e-commerce dans une stratégie de distribution à 360°

Objectifs du chapitre

- **Avec l'appropriation des réseaux sociaux grâce aux smartphones,** l'e-commerce arrive sur le devant de la scène en profitant de micro moments pour nous stimuler.
- **Une étude empirique** destinée à comprendre les raisons qui empêchent les utilisateurs d'avoir totalement confiance envers les réseaux sociaux est présentée.
- **Un expert en sémiotique** explique en quoi l'e-commerce et la sémiotique participent au processus de fabrication de la signification.
- **Snapchat**, prochain cheval de Troie du e-commerce sur les réseaux sociaux grâce à sa popularité et à des méthodes particulières.

Principes et fondements

« Welcome to the Snap Store : the one and only place to buy Snapchat stuff. »[1]

En comprenant son client, la marque peut interagir avec lui de manière plus organisée et précise, compte tenu de l'offre de moyens, de médias, d'interfaces mis à sa disposition aujourd'hui.

En 2017, plus de 3 millions et demi de personnes étaient connectées à Internet grâce au support mobile (Pelet, 2014). Cependant cette progression extraordinaire des smartphones touche à sa fin. Le nombre de ventes n'a pratiquement pas changé entre 2016 et 2017 avec 1,472 milliards *versus* 1,473 milliards entre ces deux années. La plupart des appareils sont vendus en Chine, qui compte pour un tiers des smartphones achetés. Comme le marché chinois s'est constamment développé ces dernières années, de gros fabricants comme Samsung et Apple font face à une menace considérable : les producteurs chinois sont en train d'accroître de manière très rapide leur part sur leur marché domestique. Les quatre plus gros vendeurs Xiaomi, Oppo, Vivo et Huawei comptent ensemble pour 67 % du marché du smartphone domestique au 4e trimestre de 2017.

Après les smartphones, de plus en plus d'objets mobiles sont équipés d'une connexion permanente à Internet, tels que les montres connectées ou les outils de fitness comme les bracelets Fitbit. Quand ils sont reliés à un smartphone, un écosystème complet émerge, permettant d'être connecté n'importe quand.

Les constructeurs ont d'ores et déjà trouvé le nouveau gros challenge dans ce marché du hardware qui progresse petit à petit, pour passer du contrôle par le toucher vers les haut-parleurs intelligents… Les clients de ce marché sont prêts à utiliser ces nouveaux outils et l'appropriation par le marché de ces derniers n'est qu'une question de temps. Alors que l'on pouvait constater une augmentation

1 Accroche du Snap Store de Snapchat, en français : « Bienvenue sur le Snap Store, le seul et unique lieu pour acheter du matériel Snapchat. »

constante des ventes de smartphones entre 2008 et 2015, celle-ci a tendance à plafonner à 1,4 milliard d'unités depuis 2015. Apple et Samsung restent les plus gros constructeurs de smartphones mais Samsung a perdu 25 % de ses parts de marché avec l'arrivée des fabricants chinois déjà évoqué (Xiaomi, Huawei, Vivo et Oppo). Alors que les ventes de smartphones stagnent, les ventes d'objets connectés portables risquent de croître de 13 % par année (casques bluetooth, montres intelligentes, bracelets, montres connectées de sport, casques de réalité virtuelle, caméras portables...).

Figure 3.1 – Comment les quatre grandes marques de smartphones Oppo, Vivo, Huawei et Apple se battent sur le marché chinois pour les clients du monde entier[1]

Parmi les activités que les usagers de ces appareils connectés préfèrent, les notifications et autres messages textuels ainsi que les activités de tracking* permettant de connaître les kilomètres parcourus, la mise à jour des news, les appels téléphoniques, l'alarme, les e-mails, voir des photos et des vidéos, utiliser la navigation grâce au GPS, la télécommande pour la musique et l'automatisation de la maison sont les fonctionnalités utilisées quotidiennement par la majorité des possesseurs de montres connectées.

1 Source : http://fortune.com/2017/01/24/china-smartphones-oppo-vivo-huawei-xiaomi/

Il est prévu que d'ici à 2020 tous les appareils mobiles contiennent une technologie biométrique. La technologie biométrique regroupe des capteurs capables de mesurer les données liées au corps, par exemple scanner des empreintes digitales ou reconnaître le visage d'un utilisateur. Alors qu'en 2016 le smartphone représentait l'appareil dans le monde utilisant le plus cette technologie, en 2020 smartphones, outils connectés et tablettes contiendront tous cette technologie biométrique.

Réseaux sociaux : utilisateurs, influenceurs et annonceurs

En 2004, Mark Zuckerberg mettait en place Facebook, un réseau social pour les étudiants de Harvard, un club très exclusif où les gens pouvaient communiquer à travers de nouveaux services. Quinze ans plus tard une industrie totalement nouvelle a émergé, changeant la manière dont nous consommons les médias, dont nous parlons ou dont nous échangeons par messages et restons en contact avec nos amis. Facebook est l'acteur le plus important des réseaux sociaux mais n'est pas le seul. Des plates-formes similaires se sont développées qui rendent différents types de services tels que les réseaux d'affaires comme Viadeo ou LinkedIn, de messagerie instantanée comme WhatsApp, Wechat, Viber ou Telegram, ou du partage de photos comme Instagram, Pinterest, Snapchat ou Boomerang[1]. Aujourd'hui Snapchat et Instagram sont en passe de devenir les étoiles montantes des réseaux sociaux. À condition que les consommateurs continuent de faire confiance aux réseaux sociaux…

Afin de comprendre comment les consommateurs font confiance aux réseaux sociaux, les résultats d'une étude académique sont présentés.

1 Une application Instagram permettant de créer de courtes vidéos en boucle.

Une analyse exploratoire concernant la protection de la vie privée sur les réseaux sociaux : confiance, inquiétudes et comportement des utilisateurs

Par Nicolas Gouinguenet, master Grande École (promo 2015), NEOMA Business School

Internet s'apparente à une source d'information des plus efficaces pour les entreprises, à tel point que la collecte de « big data » sur Internet et l'analyse de ces données est devenue systématique (Nunan et Di Domenico, 2013). Parmi les « réservoirs » de données les plus utilisés, se démarquent les sites d'e-commerce et les réseaux sociaux, ou communautés en ligne au sens large, suggérant la transmission d'informations personnelles par l'utilisateur, de façon volontaire, notamment au moyen de formulaires d'inscriptions, ou involontaire, par les outils de « tracking » et de « cookies » intégrés dans les navigateurs Internet (Liu et al., 2005).

Ces pratiques de récoltes et d'utilisation des informations des utilisateurs de tels sites à des fins marketing soulèvent certaines inquiétudes. Celles-ci sont les conséquences d'un paradoxe : les internautes cherchent à s'assurer de la sécurité de leurs informations personnelles sur leur vie privée (« *privacy* »), tout en jouissant des avantages de la personnalisation (incluant notamment le ciblage des offres promotionnelles), alors que celle-ci n'est possible qu'à condition d'avoir des données, ou « data », à exploiter. C'est ce que Sutanto et al. (2013) appellent le paradoxe « *personalization-privacy* » (personnalisation/vie privée).

La notion de *privacy* est très large, complexe, et comprend plusieurs acceptions, à tel point que la traduire par le terme de « confidentialité » ou par « vie privée » en français est réducteur. Selon Westin (1967), il s'agit de la capacité d'un individu à contrôler quand, comment et jusqu'à quel point ses informations personnelles peuvent être communiquées à une entité extérieure ; que ce soit à un autre individu, à une entreprise, à une association, etc. Se définissant comme un droit, d'un point de vue juridique, comme un état d'accès limité ou d'isolation, d'un point de vue psychologique, et comme un contrôle, que ce soit en sciences sociales ou à la lumière des systèmes d'informations, il faut distinguer le terme de *privacy* des notions d'anonymat, de secret, de confidentialité, de sécurité et d'éthique (Smith, Dinev et Xu, 2011). Cette notion complexe de *privacy* se définirait alors plus comme un

• • •

• • •

souhait, une aspiration, tandis que les termes cités précédemment renvoient à des moyens d'obtention. On définit la notion de « *privacy* » en recoupant les acceptions de « confidentialité », « d'informations personnelles » et de « vie privée ».
L'objectif de l'analyse exploratoire est de répondre à la question suivante : en quoi l'inquiétude que les internautes ressentent vis-à-vis des réseaux sociaux et la confiance qu'ils expriment à leur égard impactent leur comportement sur ces médias ?

Les résultats de l'étude

Suite à cette étude, il ressort que les internautes sont préoccupés par l'image que les réseaux sociaux renvoient d'eux-mêmes à leurs amis, à leur famille, et plus particulièrement à un employeur potentiel.
Afin de protéger leur intégrité sur Internet, les utilisateurs de réseaux sociaux prennent ainsi quelques dispositions, s'apparentant à une régulation de leur utilisation de ces sites. La première régulation de l'utilisation se traduit par le non-renseignement de certains champs comme l'orientation politique, sexuelle et religieuse. Les internautes ne souhaitent pas laisser de données sensibles qui pourraient faire l'objet de discrimination et ainsi porter atteinte à leur intégrité. Cela renvoie notamment aux travaux de Metzger (2007), ainsi qu'à la théorie de la frontière de l'information (Petronio, 1991).
L'étude a également révélé que dans 25 % des cas, les internautes utilisaient un nom différent de leur véritable patronyme sur les réseaux sociaux qu'ils utilisent dans le cadre privé (hors réseaux sociaux professionnels de type LinkedIn ou Viadeo). Cela permet notamment de limiter les résultats qui apparaîtraient lors d'une recherche, et réduit ainsi l'exposition de la vie personnelle des internautes. Enfin, 12 répondants au questionnaire ont indiqué utiliser au moins un réseau social professionnel, ce qui correspond également à un moyen de protéger leur image. En effet, conformément aux résultats de l'étude, les internautes pensent que les réseaux sociaux professionnels leur permettent d'améliorer leur image et de les rendre plus attractifs, notamment pour un employeur. LinkedIn, par exemple, est le site qui apparaît le plus en tête des résultats lors de la recherche d'une personne sur Internet, avant Facebook et Twitter.
Finalement, l'étude permet de mettre en évidence une volonté générale de la part des internautes, d'avoir plus d'informations sur les politiques

• • •

de confidentialité des réseaux sociaux qu'ils utilisent. En effet, ces politiques de confidentialité apparaissent comme des textes longs et difficiles à comprendre. Les internautes souhaiteraient ainsi que leurs réseaux sociaux prennent des mesures pour mieux informer leurs utilisateurs, notamment par la création de tutoriels synthétiques. Des pistes intéressantes pour des sites d'e-commerce utilisant les réseaux sociaux pour s'identifier par exemple.

L'intérêt de la sémiologie dans l'e-commerce

Il existe un intérêt à intégrer la sémiologie (et d'autres sciences sociales) dans la réflexion sur la conception des sites Internet, car cette discipline qui met en avant l'ensemble des sens permet aux entreprises de prendre encore plus conscience de l'effet de ces sens sur le consommateur. La sémiologie s'attache à comprendre comment le sens est généré à partir d'une étude des signes, des mécanismes producteurs de sens. Elle permet de dresser un état des lieux analysé de l'existant, dans le sens où il ne s'agit pas seulement de « rendre des comptes », mais aussi de « rendre signifiant » (Legris-Desportes, 2004).

Créer un site amène l'entreprise à communiquer sur elle-même. Les sites ne sont pas seulement vecteurs d'une image institutionnelle ou vitrine d'une offre de services, ils renseignent sur les représentations internes des métiers, des savoir-faire, voire des questions de faisabilité, de mise en œuvre technique et budgétaire, et le concevoir, sur des critères d'intégration des données (linguistiques, iconiques, les animations) à un cadre prédéterminé, figé... C'est la raison pour laquelle la couleur d'un site marchand peut être largement prédéterminée par la charte graphique de l'entreprise.

Les principes d'organisation graphiques jouent un rôle majeur dans l'accès à la signifiance, ce qui signifie qu'il doit exister une adéquation entre l'objet ou l'information affichée ou saisie, et son référent (Plégat-Soutjis, 2004). Par exemple, dans les arborescences des sites Web marchands, il pourrait s'agir de rendre l'accès d'une page à l'autre explicite, par l'utilisation de couleurs, d'un train de navigation ou d'une métaphore comme un hamburger, représentant la barre de navigation sur un site affiché sur un smartphone (figure 3.2).

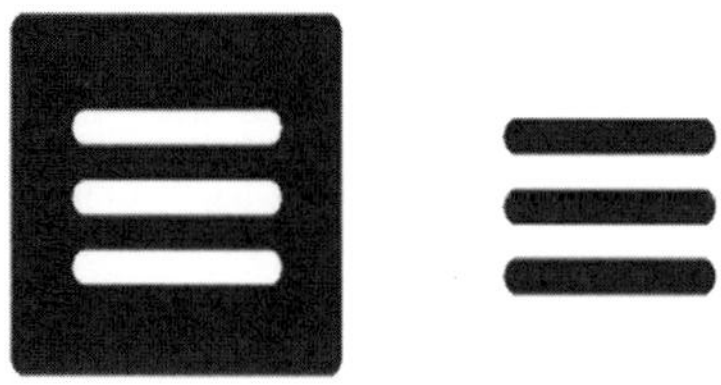

Figure 3.2 – Icône de menu hamburger pour une facilité de défilement sur tablette ou smartphone

Avis d'expert

JÉRÔME GUIBOURGÉ, expert en sémiotique, consultant, enseignant et chercheur associé au CeReS de Limoges

L'E-COMMERCE ET LE PROCESSUS DE FABRICATION DE LA SIGNIFICATION

Regard sémiologique sur le processus de production de sens du e-commerce

Dans cet encadré, on considère le design d'interfaces du e-commerce comme un ensemble signifiant et comme une mini-narration qui guide le destinataire dans son action. Cette production de sens, la sémiotique vise à l'expliquer rationnellement comme la physique derrière les apparences tente rationnellement d'expliquer le monde naturel. Utiliser la sémiotique est un peu comme zoomer et ralentir son regard pour percevoir comment le sens est construit. Le design d'interfaces du e-commerce, ensemble signifiant, relie deux plans : celui de l'expression avec celui du contenu. Dans une situation consumériste le partage entre ces plans est déterminé

• • •

par la prise de position du consommateur et la signification émerge non pas logiquement de manière désincarnée, mais à partir de ses perceptions et sensations. Elle est l'acte de jonction de ces deux plans à travers son corps qui associe le sensible et l'intelligible ; mais chaque individu détermine un point de vue et délimite l'étendue de la pertinence des éléments à prendre en compte. Se forme alors un système de valeur qui rend intelligible le monde perçu. Ce processus de la perception à la signification suppose une pause : un effet de présence se substitue à la réaction réflexe et permet de saisir la signification de l'expérience sensible. La saisie et la visée sont les modalités qui guident notre flux d'attention et qui vont donner plus ou moins de concret à cette présence (du virtuel au réel).

L'e-commerce et son impact sur la relation au réel du point de vue de la sémiologie

L'e-commerce utilise deux principes du fonctionnement consumériste : la différenciation objective (la comparaison) et la hiérarchisation subjective (la valorisation). Le premier (quantitatif) voit sa complexité relativement maîtrisée grâce aux algorithmes et aux bases de données ; par exemple la billetterie, les catalogues de produits en ligne, etc. Malgré les avancées technologiques, le second (qualitatif) est plus délicat tant il dépend du paramétrage des opinions, sensations et émotions qu'il faudrait calculer finement car nous ne partageons pas nécessairement les mêmes opinions ; quant à nos sensations et émotions leurs intensités respectives varient d'une personne à l'autre. Or ces trois dernières participent à l'élaboration de la décision (Frau-Meigs, 2011). L'e-commerce utilise le Web 2.0 qui est un moyen personnalisable permettant une diffusion partagée d'informations et d'opinions sur des supports choisis. Les internautes peuvent alors interagir à la fois avec le contenu mais aussi entre eux. Ce Web emprunte à la communication 2.0 les storytelling*, interaction, plate-forme communautaire et performance sociale. En mobilisant d'autres évolutions telles que les connexions, interactions et disséminations, les surfaces d'échanges utilisées par l'e-commerce évoluent tant que tout peut devenir interface (Bachimont, 2000). Toutes ces possibilités fluctuantes interviennent sur la conception que le consommateur a de l'espace, du temps et donc de la mobilité pour au final jouer sur la notion de temps réel*,

caractéristique du mode interactif (Bachimont, 2004).
Par ailleurs les programmes du e-commerce à l'aise dans les routines et la planification étendent leur gestion aux sphères sociale, personnelle et intime entraînant de nouvelles pratiques. En offrant toutes ces possibilités concentrées dans une petite interface, l'e-commerce établit de nouveaux rapports au monde rendant difficile l'interprétation du réel (Wroblewski, 2002, 2008, 2011). Le temps réel est une réalité centrale dans les communications (chats, webcams, vidéoconférences), les interactions (interfaces, captation de mouvement, capteurs, reconnaissance vocale, détections et mesures) et les jeux vidéos (*gameplay**, interfaces, captation 3D*). Il est lié à l'exactitude des résultats, à la vitesse et à la qualité de calcul (délai entrée/sortie de données cognitives ou sensibles).
Le temps réel est aussi un marqueur de la sincérité créditée du propos quelle que soit son apparence, texte ou visuel (quelqu'un qui répond du tac au tac voit son propos crédité de spontané et par analogie d'authentique) ; mais pour cette appréciation les délais entre modes sensoriels diffèrent : par exemple associée à la vue, l'ouïe ne tolère que quelques millièmes de seconde de retard quand la sensorimotricité en supporte jusqu'à 0,3. Le temps réel fondamental pour le mode interactif et pour l'interprétation de l'authenticité de l'échange est donc altéré par la difficulté de paramétrer les sensibilités humaines et par le principe de fonctionnement du Web 2.0 (volume, vélocité, variété et véracité). Prenons en exemple H&M dont le site montrait un enfant noir présentant un sweat de leur dernière collection avec écrit « *Coolest monkey in the jungle* ». Tout de suite postée sur Twitter par un internaute, l'image (véracité) devient virale (vélocité) et entraîne l'indignation générale (variété et volume).

Les statuts du factuel et de la croyance dans l'e-commerce
Depuis des millénaires, pour construire la signification du sens qu'il saisit, l'homo sapiens utilise tout son corps. Face aux interfaces numériques d'achat, il est amputé d'une partie du processus qui lui permet d'évaluer le sens : pas de sensations, pas d'essayage, peu de sensorimotricité hormis la navigation, peu de capacité de projection émotionnelle livrée par des scénarios d'usage trop courts, etc. Autant il est possible de ressentir une émotion en regardant un long-métrage, autant il est difficile de le faire avec une vidéo

de quelques secondes sur un site d'e-commerce. Schématiquement, plus le temps est court, moins on est dans le registre émotionnel mais plus on est dans celui des sensations ; or actuellement dans l'e-commerce les sensations sont le plus souvent très appauvries voire inexistantes. L'internaute n'a plus qu'à croire à la marque, à croire aux services, aux produits ; mais du fait même du Web 2.0 et dans le cadre du e-commerce, le consommateur reçoit des données en grand nombre (différentes sources, versions et interactions). Cependant, la croyance n'apprécie que modérément cette complexité informationnelle car pour croire il faut choisir à quoi croire ; et pour choisir dans une profusion d'informations, de sources, de variables et de connaissances, c'est compliqué. Ainsi, bien souvent par sa profusion, l'ensemble génère une certaine indécision ou un allongement du temps nécessaire au traitement de cette phase par le cerveau du consommateur qui risque de perdre l'authenticité de ses stimuli sensibles qui orientent ses envies et ses appréciations (d'où le yield marketing* pour stimuler le consommateur). On observe alors un changement du statut du virtuel qui devient matériel (une page Web). En retour la conception de la matérialité devient l'idée de la systématicité (est matériel ce qui est programmé) qui permet la construction d'une analogie entre sensorialité humaine et sensibilité machinique* (Mpondo-Dicka, 2013) et la sensorialité humaine devient programmable (Goudy, 1979). Cette dernière ne peut être le résultat d'un paramétrage automatique et spécifique à l'individu, mais repose sur une standardisation du sensible provoquant ainsi une difficulté d'interprétation du réel.

L'humour comme alternative

Le consommateur rencontre alors une réelle difficulté à apprécier (polarisation et valorisation) l'authenticité de l'échange (la marque, ce qu'elle raconte et comment elle le raconte). Il reçoit à la fois trop d'informations cognitives et pas assez de sensibles alors que depuis des millénaires son processus intérieur qui lui permet de décider est basé sur des sensations. Pour faciliter la prise de décision du consommateur qui ne peut ni sentir ni éprouver, les marques présentes en e-commerce doivent donc combler ces lacunes des interfaces. Il est possible de le faire avec l'humour en comptant sur son pouvoir de contagion qu'il partage avec le Web 2.0 ; mais tous les types d'humour ne sont pas propices aux marques (Guibourgé, 2018).

Il faut veiller aussi aux cohésion, cohérence et congruence du discours et développer la narration qui fait entrer le consommateur dans l'histoire de la marque et celle-ci dans l'histoire du premier (communication 2.0).

En 2015 lors d'un benchmarking*, je relevais la campagne commerciale 100 % digitale « Les grands moments » de Boulanger.fr (figure 3.3). Soussan de *CB News* écrivait alors que l'objectif était « de générer du trafic *via* un contenu éditorial drôle et décalé ». Une petite dizaine d'articles promotionnels et humoristiques était proposée sur autant de produits en vente sur le site comme : « Société : après avoir enlevé ses lunettes 3D, il est déçu de la résolution du monde réel » ou « Insolite : il perd sa clé USB et paniqué, appelle un serrurier ». Un titre convoquant le registre du réel pour l'actualisation de sensations dans une narration exprimant la sensorimotricité* permettait alors de convoquer le registre expérientiel de l'internaute (souvenir ou projection de situations vécues).

En cliquant sur le visuel d'accroche on avait accès à une nouvelle page avec à gauche le texte et à droite la promotion. L'histoire contée, une situation banale mais pesante d'une façon ou d'une autre (chacun peut se projeter), un exergue absurde et un texte contenant une incongruité (insolite, absurde...) ; le tout vantait la facilité d'utilisation du produit présenté en promotion à droite.

Figure 3.3 – Publicité digitale « Les grands moments » de Boulanger.[1]

1 Conception & création Rosa Park.

Ainsi à la place d'un descriptif désincarné et conventionnel associé à un visuel pour vendre un produit, on propose à l'internaute un bon moment diffusable, partageable (polarisation et valorisation) et pragmatique (authenticité, ressenti). Le produit sort du simple échange économique pour participer à un échange social. Les intelligences artificielles (IA), avec leurs vastes bases de données et leurs possibilités d'apprentissage grâce au *deep learning* (réseau de neurones profonds qui permet à la machine d'apprendre par elle-même), soumettront-elles le consommateur à un environnement de simulations programmées (développement des IA par les GAFAM – Google, Apple, Facebook, Amazon et Microsoft – américaines et BATX – Baidu, Alibaba, Tencent et Xiaomi – chinoises ou à la stimulation d'un corps-programme neuroaugmenté – développement de puce électronique connectée au cerveau humain par Elon Musk[1]) ?

Les réseaux sociaux et l'e-commerce : zoom sur Snapchat

La plupart des gens utilisent les réseaux sociaux sur une base quotidienne. Ainsi, aux États-Unis, 79 % utilisent les réseaux sociaux quotidiennement, 75 % au Royaume-Uni et 73 % en Allemagne (Statista Global Consumer Survey, 2018). Plus de 80 % des millennials (18-29 ans) utilisent les réseaux sociaux de manière active en commentant, en likant, en partageant des posts ou en postant des images et des vidéos, du texte ou des mises à jour de leur statut. Seulement 5 % des Américains ont exprimé un usage passif sur les réseaux sociaux durant les quatre semaines passées précédant l'enquête sur le consommateur de Statista Global (2018) tandis que 3 % des Américains n'utilisent pas les réseaux sociaux durant la même période. Facebook domine le paysage des réseaux sociaux en reprenant 2061 millions d'utilisateurs actifs par mois alors que YouTube

1 Elon Musk, fondateur de SpaceX et Tesla, s'oppose à Zuckerberg, fondateur de Facebook, sur l'intelligence artificielle et demande aux autorités de la réguler.

en compte 1500, WhatsApp 1300, Facebook Messenger 1300, Instagram 800, Tumblr 368, Twitter 328, et Snapchat 255 millions d'utilisateurs actifs par mois.

Snapchat est le réseau social favori de 54 % des adolescents américains d'une moyenne d'âge de 16 ans, devant Instagram avec 28 %, puis Facebook avec seulement 10 % qui est toujours en déclin avec cette population, devant Twitter 8 %, à l'automne 2017, d'après Piper Jaffray (2018). Snapchat est une application mobile de partage de vidéos et de photos destinées à son réseau. La particularité de Snapchat tient à son côté « éphémère », puisqu'on ne peut visionner ces photos que quelques secondes. L'application s'est considérablement développée depuis ces dernières années. Après l'intégration d'effets, du chat et des publicités, Snapchat compte bien s'emparer du e-commerce.

L'ascension du réseau social Snapchat est toujours croissante bien que cette croissance en utilisateurs actifs quotidiens ait considérablement ralenti en 2017 aux États-Unis, en Europe (Russie et Turquie incluses) et dans le reste du monde. Déjà très présente dans la stratégie marketing de certaines entreprises, la plate-forme prend un nouveau tournant. Snapchat, c'est 8 milliards de vidéos vues chaque jour, ce qui le place au même niveau que le géant Facebook, et c'est aussi près de 100 millions d'utilisateurs quotidiens dans le monde.

Quelques raisons d'utiliser Snapchat pour promouvoir votre entreprise et faire du e-commerce

Snapchat permet de fédérer une communauté, de favoriser la proximité avec les clients, de délivrer une totale transparence sur le fonctionnement d'une entreprise ou sur le processus de fabrication de produits. Il est aisé de sensibiliser les utilisateurs de cette plate-forme à travers des campagnes marketing décalées et novatrices.

Des entreprises toujours plus proches de leurs utilisateurs

L'entreprise doit être en interaction permanente pour renforcer la relation de confiance qu'elle entretient avec ses clients. Snapchat peut s'apparenter à un vecteur de proximité efficace. Si l'entreprise est proche de ses consommateurs, cela se ressentira sur ses ventes. Elle obtient plus de partages et plus de conversations au sujet de son site e-commerce ou de son entreprise. Il ne faut pas oublier qu'en s'adressant directement à ses « fans », elle peut aussi s'adresser à eux de façon plus familière. Analyser les utilisateurs les plus influents et les contacter pour qu'ils deviennent des ambassadeurs. Ils contribueront à renforcer l'image de marque et la notoriété.

Un moyen efficace pour la diffusion d'offres

Par son côté éphémère, Snapchat offre l'opportunité de partager des offres promotionnelles ou des codes promotionnels que les utilisateurs pourront conserver précieusement en effectuant des captures d'écran par exemple. Snapchat indiquera qui fait des captures d'écran et comptabilisera le nombre exact de personnes ayant sauvegardé les codes promotionnels. Des informations très importantes qui permettent de chiffrer et d'évaluer les retombées des actions entreprises. Cette méthode permet de renforcer la relation que l'entreprise entretient avec ses clients et de les fidéliser.

Étant donné que les clients sont très actifs sur les réseaux sociaux, la seule solution est de s'adapter. Avec une audience plutôt jeune et dynamique, la cible doit être en cohérence avec celle de l'application. En effet, près de 60 % des jeunes sont prêts à débourser de l'argent en ayant vu une promotion sur Snapchat. Un chiffre plus qu'éloquent (Blanchot, 2018).

Outil très efficace pour capter l'attention des utilisateurs, Snapchat est indéniablement un moyen de faire passer un message à une cible. D'une part, pour sa caractéristique principale qui est l'éphémère :

un site e-commerce a en effet la possibilité de captiver l'attention de ses utilisateurs durant 10 secondes maximum. C'est ce qu'ils recherchent : les vidéos trop longues ne captent pas l'attention du consommateur bien longtemps. Le format que propose Snapchat est donc parfaitement en adéquation avec les attentes des consommateurs.

Figure 3.4 – Snapchat ouvre une section e-commerce dans son application[1]

Snapchat s'empare du e-commerce

Après les photos et les conversations éphémères, Snapchat avait révolutionné l'univers des réseaux sociaux avec ses effets. Avec son contenu « non éphémère » intégré dans la fonctionnalité « Discover », la suite logique des choses est survenue avec l'intégration de nouvelles fonctionnalités e-commerce sur la plate-forme.

La chaîne « Sweet » lancée par Joanna Coles en 2015 dans le Discover de Snapchat était une chaîne mettant en scène différents produits de différentes marques. L'idée consistait à permettre aux utilisateurs de Snapchat de pouvoir directement acheter les produits qui les intéressent par le biais de cette chaîne qui se transforme en plate-forme e-commerce. Pour augmenter son chiffre d'affaires, la start-up californienne qui se monétisait déjà par le biais des publicités, prélève une commission sur chaque transaction et pour chaque acheteur.

1 Source : Blanchot (2018).

Snapchat ouvre une section e-commerce

Snapchat a lancé début 2018 une boutique en ligne installée directement dans son application mobile. Ainsi, le réseau social fait évoluer son business model.

Dans cette nouvelle rubrique, la marque permet aux utilisateurs de faire l'acquisition de quelques objets à ses couleurs : un T-shirt avec un imprimé reprenant les visuels du célèbre filtre avec les oreilles de chien, une peluche à l'effigie du hot-dog de Snapchat, une casquette avec l'emoji Steak, ou encore un sweat-shirt avec le visage du fantôme. Les prix restent raisonnables, oscillant entre 20 et 50 dollars.

Il s'agit pour le réseau social de prouver que son application peut être un levier de e-commerce puissant et ainsi attirer des marques fortes qui désireraient vendre leurs produits aux utilisateurs de l'application de la société Snap Inc. La création de Snapcash ainsi que le renforcement de la monétisation de quelques fonctionnalités existait déjà chez Snapchat depuis 2016. Snapchat avait aussi pris des participations dans la société Spring (https://www.shopspring.com/), une application de shopping dans laquelle des marques de mode vendent leurs produits. En 2018, Snapchat lance une boutique en ligne directement dans sa rubrique Discover. Pour l'instant accessible aux États-Unis, elle va s'étendre à d'autres pays ou se décliner dans la création d'une boutique éphémère pour Sephora, Asos et quelques marques de luxe. Les possibilités sont importantes, d'où un cours en Bourse de Snap Inc (Blanchot, 2018).

L'essentiel

- Ainsi que nous l'avons vu, bien que la vente de smartphones s'étiole, l'e-commerce a encore de beaux jours à vivre sur cet appareil.
- Pour mener à bien sa stratégie d'e-commerce, la marque peut compter sur des réseaux sociaux, à condition de respecter la vie privée des utilisateurs.
- La sémiologie, l'humour peuvent renforcer ce choix et Snapchat devient alors un vecteur envisageable pour conquérir de nouveaux clients sur le Web.

Partie 2

Mettre en œuvre l'e-commerce

- Dans cette partie, les bases de l'ergonomie d'un site Web marchand efficace sont définies, dans la perspective de faire aboutir le visiteur du site d'e-commerce à plus d'intentions d'achat, de retour sur le site, de le recommander… (chapitre 4).
- Pour parvenir à soutenir les efforts consentis en Interaction Homme-Machine (IHM), des innovations permettent d'envisager le passage progressif du « Mobile First » au « Voice First », grâce aux enceintes intelligentes notamment (chapitre 5).
- L'interface du site d'e-commerce entre le visiteur et la marque est censée plaire à tous, d'où le recours à des tests A/B et/ou utilisateurs pour que les conversions du visiteur en consommateur soit optimales (chapitre 6).

Chapitre 4

Principes fondateurs de la conception : penser ergonomie

Objectifs du chapitre

- **Le design de la page Web** est étudié, mettant en avant l'importance de la couleur, de la fonte et de la mise en forme sur le consommateur en situation réelle de shopping sur smartphone.
- **L'importance du flat design** pour rendre l'expérience de l'utilisateur toujours plus facile accentue l'intérêt de considérer le temps de téléchargement des pages Web en situation de connexion limitée.
- **L'avis d'un expert en ergonomie** permet de comprendre l'importance de ce métier pour l'e-commerce, en abordant l'UX dans les détails.

« Le design graphique sauvera notre monde… juste après le rock'n'roll. »

Bob Gill

Transformer l'essai, c'est faire d'un utilisateur de réseaux sociaux, d'un prospect voire d'un client, un client fidèle qui recommande à son entourage d'aller sur un site ou sur une application, notamment parce qu'elle est bien.

Qualité des informations, aspect ludique, recherche facilitée

La mise en scène des sites d'e-commerce a pour objectif de mettre le consommateur dans un contexte spécifique prédisposant à l'achat d'un produit tout en exploitant le système sensoriel du client « virtuel ». La qualité du contenu d'un site Internet affecte généralement la perception de l'internaute. Dans le cadre d'un site Web marchand, mobile ou non, la prise de décision du consommateur semble directement liée à la qualité du contenu du site.

Lorsque l'on demande à des internautes quels sont les facteurs qui les encouragent ou découragent à revisiter un site marchand, les répondants parlent de la qualité des informations, de l'aspect ludique, du fait que la recherche d'informations soit facilitée parce qu'elle est claire sur le plan visuel. Les marques, les institutions de tout ordre, les associations, les étudiants, les professionnels, les entrepreneurs, tous cherchent constamment des moyens d'augmenter la persuasion de leurs pages Web sur Internet, en particulier sur les appareils tels que les téléphones mobiles ou les tablettes parce que les téléphones en particulier deviennent le point d'accès n° 1 au Web. Les marques sont encouragées à revisiter certains éléments de leurs pages Web mobiles (par exemple des éléments visuels tels que les polices et la disposition) avec l'intention que le consommateur traite facilement l'information sur la marque à partir de ces pages Web. Or les effets de la police, de la couleur, de la disposition des informations, voire des fautes d'orthographe[1] qui concernent la conception du site Web mobile constituent des éléments d'exécution critiques sur le comportement et sur les intentions du visiteur de la page. À plusieurs reprises, les internautes accordent leur préférence au site rédigé « impeccablement » puisque les erreurs de grammaire et de syntaxe, ou pire d'orthographe, déstabilisent les habitudes cognitives des lecteurs. Les consommateurs restent ainsi méfiants comme en témoigne une réplique d'une personne interviewée au cours d'une enquête exploratoire conduite en 2017 au sujet de sa perception d'une interface de site Web marchand affichée sur mobile : « [...] ce qui me rebuterait par rapport à un site, c'est de ne pas avoir l'impression que les gens qui sont en face de moi sont professionnels [...]. »

Pour tenter de comprendre ce qui compte entre tel ou tel design, une étude a été conduite. Un site Web de téléphonie mobile a été spécialement conçu pour cette étude. La recherche a été menée sur les consommateurs français. Grâce à des questionnaires d'enquête en ligne et personnels, 312 réponses ont été recueillies. Qu'est-ce qu'il vaut mieux choisir entre une armada d'algorithmes et une équipe d'experts en ergonomie* pour optimiser le tunnel de conversion d'un site d'e-commerce ? Voyons voir...

Éviter la friction cognitive sur un site Web marchand

Il n'y a rien de plus agaçant que lorsque les choses ne fonctionnent pas comme nous nous y attendons. Cooper, un webdesigner* influent, appelle cela la « friction cognitive[2] » (2014), qui peut être résumée comme un manque de domination de la part de l'utilisateur sur l'interface d'un site Internet. La police et la mise en page peuvent rendre le texte lisible

1 « Les fautes d'orthographe sur les sites de vente en ligne : quels effets sur les consommateurs ? », 26 juin 2018, CEST – Source : http://urlz.fr/7yFd

2 « ... La résistance rencontrée par l'intellect humain quand il s'engage dans un système complexe de règles qui changent selon le problème » (Cooper, 2014).

et compréhensible lors d'un bon ajustement avec le style du site (Uxpin, 2017). Ces éléments doivent également se rapporter à une hiérarchie de contenu. Les utilisateurs restent plus longtemps sur un site Web grâce à sa facilité d'utilisation, ce qui les rend plus susceptibles d'acheter un produit ou d'utiliser un service. La facilité d'utilisation s'est avérée extrêmement importante sur les sites de m-commerce (commerce mobile) ; c'est pourquoi l'aspect « *mobile friendly* » de l'interface reste un problème majeur pour retenir les utilisateurs aussi longtemps que possible. Les appareils tels que les smartphones et les tablettes sont reconnus pour être d'une grande utilité sur le comportement des consommateurs en ligne, car ils offrent plus d'avantages utilitaires et hédoniques que les notebooks ou autres appareils. Grâce à sa commodité et à son accessibilité, les gens apprécient d'utiliser des mobiles pour effectuer des visites. Police et mise en page s'apparentent à des stimuli fondamentaux pour les consommateurs en ligne, car ils correspondent à des variables clés associées aux informations affichées ainsi qu'à l'ensemble esthétique du site Web. À ce titre, la police et la mise en page sont considérées comme des facteurs du site qui ont un impact positif sur la fréquence de visite d'un site Web par un consommateur, au point d'affecter les réponses des acheteurs en ligne. L'attention portée à la police et à la mise en page elle-même ainsi qu'aux différents paramètres qui les résument (comme « avec » ou « sans serif » pour la police, « aérée » ou « dense » pour la mise en page) ne constituent pas des éléments suffisants permettant d'améliorer l'expérience utilisateur.

Afin de répondre à la question relative aux effets de la fonte et de la mise en page sur les intentions comportementales des consommateurs sur mobile, la recherche qui est présentée compare les indices de conception d'un site Web de m-commerce liés à ses polices et à sa mise en page. Un design expérimental a été développé pour étudier les effets de ces éléments sur l'intention comportementale dans le contexte de l'utilisation du smartphone, en parallèle à la facilité d'utilisation du site et au sentiment de domination de l'interface ressentie côté utilisateur. Nous présentons les conditions expérimentales développées manipulant ces ensembles. Ce chapitre donne un aperçu de la façon d'optimiser les intentions comportementales envers les sites Web de m-commerce, qui représentent des questions critiques pour leur succès dans un contexte en ligne.

La vue : sens n° 1 dans notre environnement digital

La mise en scène des sites de commerce électronique a pour objectif de mettre le consommateur dans un contexte spécifique en jouant essentiellement sur le système sensoriel. La perception d'une interface de site Web réside presque exclusivement dans son aspect visuel puisque 80 % des informations traitées par le cerveau d'un internaute proviennent de la vue (Mattelart, 1996). Dans le cas d'informations massives, comme sur un site Web de m-commerce, elles doivent être visuelles et apparaître sous forme de textes plutôt qu'avec une voix synthétisée. Cette constatation est liée à la plus grande permanence de l'information lue et la demande accrue de mémoire de travail par rapport à ce qui est entendu. Internet offre les moyens, en plus de communiquer, de voir, d'entendre, de parler, de consommer, que ce soit de l'information ou des produits. Cette flexibilité offerte par l'écran de l'ordinateur lui lègue un rôle de « distributeur » immédiatement reconnaissable par la couleur. Pour convaincre les internautes d'acheter le produit, les annonceurs utilisent plusieurs moyens, cependant, il semble que le choix de la couleur ne préoccupe pas systématiquement tous les concepteurs de sites Internet (Pelet et Papadopoulou, 2012). De l'avis général, trois éléments de base doivent être pris en compte pour développer une page Web très lisible :

- Les couleurs.
- Les caractères typographiques (polices).
- L'espacement (disposition aérée *vs* dense).

Lorsque nous parlons de la conception Web, nous devons prendre en compte le texte suivant l'avis d'un concepteur spécifique : il doit être lisible et compréhensible tout en s'intégrant bien avec le style du site Web. En utilisant des polices particulièrement bien choisies lors de la conception de site Web, la lisibilité et la compréhension des informations présentées sont améliorées, ce qui concerne les informations absorbées et conservées par les consommateurs.

Polices de caractères : la taille compte

La lisibilité se réfère à la façon dont une fonte est conçue et à la façon dont un caractère individuel peut être distingué d'un autre. C'est le degré auquel les glyphes (caractères individuels) dans le texte sont compréhensibles ou reconnaissables, basés sur l'apparence. La lisibilité d'une fonte est liée aux caractéristiques inhérentes à sa conception, qui se rapportent à la capacité de distinguer une lettre d'une autre. Comme l'indiquent Pelet et Taieb (2017), les utilisateurs ne devraient pas être obligés de zoomer lorsqu'ils découvrent du contenu sur une interface de site Web de m-commerce ou en tapant sur l'écran. Des études antérieures ont indiqué que les polices sans empattement favorisent une meilleure lisibilité que les polices à empattements (De Lange et al., 1993, Robinson et al., 1971). Ceci semble vérifié sur un site Web mobile pour des grandes quantités de texte, les titres pouvant conserver les empattements, eux qui comptent généralement peu de mots.

Polices de caractères : font serif vs sans serif

Le deuxième débat important concernant la fonte étudie la lisibilité en fonction de l'utilisation des empattements, c'est-à-dire la police avec serif de la police sans serif (figures 4.1 et 4.2).

Figure 4.1 – Police sans serif

Figure 4.2 – Police avec serif

Alors que la littérature sur les polices d'impression s'accorde sur le fait que le serif augmente la lisibilité, la littérature sur la lecture en ligne privilégie les polices de caractères sans empattement (Morrell et Echt, 1997). Bernard et al. (2003) ont étudié les différences entre les polices Times et Arial, deux des polices les plus utilisées dans le milieu électronique, en termes de lisibilité objective et subjective du texte. Alors qu'ils n'ont pas trouvé de différences significatives dans la lisibilité objective, ils ont trouvé que les participants perçoivent le Times de tailles 10 et 12 points comme significativement plus difficile à lire que l'Arial. En conséquence, ils font valoir que les polices de caractères sans empattement sont préférées car elles sont perçues comme plus lisibles sur les écrans d'ordinateur. À ma connaissance, il n'existe pas d'étude qui étudie en profondeur l'utilisation des polices sur les téléphones mobiles.

Mise en page : contenu aéré vs dense

La mise en page fait référence à la disposition du texte, des images et d'autres objets sur une page afin de personnaliser l'apparence du site Web. Construire des hiérarchies pour créer la mise en page de la page Web est d'une importance primordiale car cela donne aux visiteurs une idée de la composition du site. Il est également très important pour l'optimisation des moteurs de recherche, si nous nous référons aux lignes directrices de l'optimisation pour mobiles[1]. Les concepteurs Web doivent créer des hiérarchies liées à du texte spécifique sur la page, développer des relations entre les en-têtes

1 Les consignes d'optimisation mobile de Google sont disponibles sur : http://urlz.fr/7ylO

et savoir comment utiliser efficacement les espaces blancs. L'objectif est de rendre les longs paragraphes visuellement digestes (Cao, 2016) et le choix de la police peut se rapporter à une hiérarchie de contenu.

Afin d'améliorer la qualité de la visite, les concepteurs de site Web, les experts en Interaction Homme-Machine (IHM) et les ergonomes doivent adapter le contenu du site à une bonne présentation visuelle pour aider les utilisateurs à naviguer, comprendre et interagir avec ce contenu. L'utilisabilité* du site, *usability* en anglais, réfère à la capacité d'un site à être utilisé et se mesure à son aisance d'utilisation (navigabilité), à son efficacité et à sa facilité d'apprentissage. Si la conception d'interface d'une application ou d'un site Web mobile est inappropriée, elle peut nécessiter une charge cognitive excessive pendant que les utilisateurs effectuent certaines tâches, affectant leur visite ou augmentant les abandons, car les attributs d'utilisabilité influencent directement la satisfaction des utilisateurs (Cooper, 2014). La disposition d'une page Web, l'utilisation de diverses polices, couleurs, images et autres indices visuels transmettent aux utilisateurs des informations de navigation et de sémantique qui peuvent être facilement modifiées pour atteindre cet objectif. La littérature académique et le consortium W3C[1] qui établit des règles d'accessibilité au Web depuis plus de dix ans suggèrent de prévoir un espacement suffisant entre les lignes et les lettres.

Avec l'utilisation massive du design plat (« *flat design** » en anglais), en raison de l'augmentation des interfaces simples et claires pour les sites Web mobiles et de la popularité du minimalisme lié à la taille des écrans, la typographie assume un rôle croissant dans la conception Web (Uxpin, 2017). Les utilisateurs deviennent des experts lorsqu'ils manipulent leurs appareils et préfèrent des sites Web ou des applications faciles à lire, afin d'accélérer et d'optimiser

1 Le World Wide Web Consortium est la principale organisation internationale de normalisation pour le World Wide Web, fondée le 1er octobre 1994 par Tim Berners-Lee.

leurs actions. Par exemple, Windows 8, issu du langage de conception Metro de Microsoft, valorise la typographie (ou la diffusion d'informations) sur des graphiques qui aident l'utilisateur à comprendre le type de contenu lu (figure 4.3).

Figure 4.3 – Le design plat de l'interface « Metro » de Windows 8, aucun volume, pas d'ombres, pas d'effets 3D

Plus l'objet de l'interface utilisateur imite un objet du monde réel, plus il est probable que l'objet sera intuitif à utiliser et offrira une expérience utilisateur de qualité. C'est ce qu'on appelle le « skeuomorphisme* » (Interaction Design Foundation, 2017). Le skeuomorphisme est un type de look dans lequel une fonction de prise de notes sur un site Web ou dans une application ressemblerait à un cahier relié en spirale, une référence à l'aspect réel d'un cahier (Bilton, 2013) (figure 4.4).

Figure 4.4 – Ce synthétiseur MOOG à gauche est représenté par ce logiciel en skeuomorphisme sur l'écran d'un ordinateur à droite

Plus l'objet de l'interface utilisateur imite un objet du monde réel, plus il est probable que l'objet sera intuitif à utiliser et offrira une expérience utilisateur de qualité.

Des émotions telles que la domination peuvent être considérées d'une importance primordiale dans la compréhension du comportement de l'utilisateur mobile. Ces états affectifs sont essentiels dans le paradigme du commerce électronique comme l'ont montré Lindgaard et al. au sujet du temps que mettait notre cerveau à réagir face à une interface (2006). La domination (ou le contrôle perçu) correspond au sentiment d'être capable d'agir librement dans un environnement spécifique (Koufaris & Hampton-Sosa, 2004). En général, la perception du contrôle sur l'accès aux ordinateurs, en particulier les sites Web, est considérée comme un facteur expérientiel qui peut influencer les attitudes et les intentions comportementales des utilisateurs. Le modèle explique comment la police et la disposition, combinées à un sentiment de domination et à la facilité d'utilisation d'un site Web de m-commerce, peuvent avoir un impact sur les intentions comportementales de l'acheteur (figure 4.5).

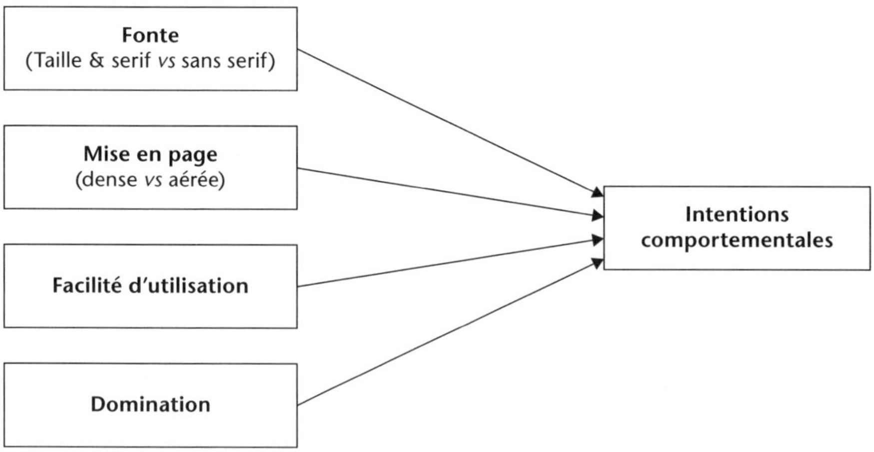

Figure 4.5 – Modèle conceptuel montrant les éléments importants à prendre en compte dans la mise en page d'un site Web

Discussion

Les résultats de cette étude montrent que les polices influencent les intentions d'achat, de revisite du site Web marchand et de recommandation de celui-ci. Pour les gestionnaires, ces résultats indiquent que pour améliorer l'utilisation d'un site de m-commerce auprès des consommateurs cibles, ils doivent 1) mettre l'accent sur la conception impactante de l'interface m-commerce afin que les consommateurs puissent naviguer facilement, 2) rendre disponible un contenu convaincant qui stimulera et 3) reconnaître les compromis que les consommateurs font en termes de réactions émotionnelles et d'avantages tangibles offerts. L'objectif de ce travail était de démontrer des idées pratiques sur la façon d'augmenter les intentions d'achat et de réexamen chez les clients de sites Web mobiles.

La présente étude offre des lignes directrices actuelles sur la bonne conception pour le commerce mobile, en tenant compte des polices de caractères, de la disposition, de la facilité d'utilisation et de la domination de l'interface, et étudie leurs effets sur les intentions comportementales. La présence ou l'absence d'empattements, la taille de la police, la disposition du texte et l'espacement des interlignes peuvent affecter l'intention et le comportement. Les gestionnaires doivent veiller à développer des sites Web qui répondent aux préférences de conception des consommateurs, car la mise en page du contenu et la police influencent les intentions d'achat et l'intention de revenir sur les sites Web ou applications affichés sur mobiles.

Un point sur la couleur et l'importance du contraste coloré

La couleur de l'atmosphère du site d'e-commerce

L'atmosphère d'un site Internet représente l'ensemble des composantes du site touchant le champ visuel et auditif capables de stimuler les sens de l'internaute, en vue de percevoir les réactions émotionnelles, cognitives, psychologiques, physiologiques et comportementales de celui-ci par leur modification. L'atmosphère est l'élément qui a le plus d'impact sur le comportement d'achat du consommateur lors de sa visite du site, un impact qui varie en fonction des conditions environnementales dans lesquelles la visite d'un site Web s'effectue sur un smartphone. Lors de la lecture sur un fond d'écran de site Internet (blanc, bleu ou vert), le temps passe ainsi plus lentement. Parallèlement, quand les utilisateurs effectuent une recherche simple ou n'ont simplement qu'à comprendre le message de la phrase, la couleur du fond d'écran n'a pas d'effet sur la perception du temps écoulé (Kiritani et Shirai, 2003).

L'interprétation de la couleur engage un processus cognitif qui à son tour déclenche des émotions chez l'internaute (la joie, la tristesse, la colère voire le dégoût). Ces émotions sont perçues différemment selon l'internaute et selon sa façon de percevoir les couleurs ce qui entraîne des modifications de son comportement de consommation. Un nombre grandissant d'études en Interaction Homme-Machine démontre l'intérêt porté pour les outils connectés à Internet et utilisés en entreprises. Ces derniers, parce que les salariés passent beaucoup de temps avec les logiciels, attirent l'attention des ergonomes, des spécialistes en utilisabilité. Des professeurs dont les recherches reposent sur la lisibilité des pages affichées à l'écran par exemple, notamment pour les non-voyants voire pour les aveugles, s'intéressent de près à cet aspect de la couleur de l'interface. La couleur apparaît dans le contraste des textes, des icônes, des tableaux et autres graphiques qui s'affichent sur les écrans des sites, des applications, des logiciels des entreprises...

Pour concevoir des interfaces de sites marchands colorées de manière efficace, il faut comprendre les principes des interactions colorées au sein des propriétés des couleurs elles-mêmes avec le médium, avec l'environnement et avec les internautes. La couleur peut être utilisée de manière efficace en tant que dispositif pour attirer l'attention, bien que le choix d'une couleur inappropriée risque de limiter son efficacité, notamment dans un cadre marchand. Les seuls éléments non contrôlables appartenant à l'atmosphère des sites Internet sont les publicités, quels que soient leurs formats, étant donné que ce sont les régies publicitaires qui décident des annonces qui apparaissent sur le site dans la plupart des cas. Il convient de faire en sorte que la mise en évidence par la couleur soit suffisamment perceptible pour être efficace, et non pas source de distraction. Le contraste entre la couleur du texte et la couleur du fond d'écran devient critique pour ceux qui passent beaucoup de temps devant l'écran de l'ordinateur. Il ne doit pas être trop important pour devenir fatiguant, ni trop bas au risque de fatiguer les yeux de l'internaute. Les teintes trop saturées devront être exclues par exemple. Le texte coloré doit être utilisé parcimonieusement... Les couleurs monochromatiques sont de plus en plus utilisées au sein des interfaces. Cela signifie que les concepteurs, au lieu d'utiliser de nombreuses couleurs différentes, utilisent des couleurs de la même « famille » afin de garder l'accent sur le contenu et ne pas être trop agressifs pour le visiteur. On s'attache ainsi davantage à l'utilisabilité et au contraste coloré entre les deux principales couleurs que ce soit dans le cadre du e-commerce (Pelet, 2014) que du m-commerce ou commerce mobile (Pelet et Taieb, 2017). Le point commun de ces travaux étant de respecter au maximum les contraintes du consortium W3C permettant la mise en place de règles favorables à l'UI (pour Interface Utilisateur), comme le respect d'un contraste de 7,28 entre les deux couleurs évoquées ainsi que le montre cette capture d'écran, ce qui est utile pour les 8 % d'hommes daltoniens dans le monde – pas de problème de daltonisme chez les femmes –, ou pour les personnes dont la vue faiblit, soit toutes les personnes de plus de 45 ans, de plus en plus nombreuses, qui accèdent de manière croissante aux interfaces pour lire, consommer ou pour toute autre chose (figure 4.6).

Pour cela, des outils simples d'utilisation sont mis à la disposition des utilisateurs, des webdesigners, des marketeurs, permettant d'obtenir un contraste positif (texte foncé sur fond clair), préféré pour la lisibilité par exemple (Greco, Stucchi, Zavagno et Marino, 2008).

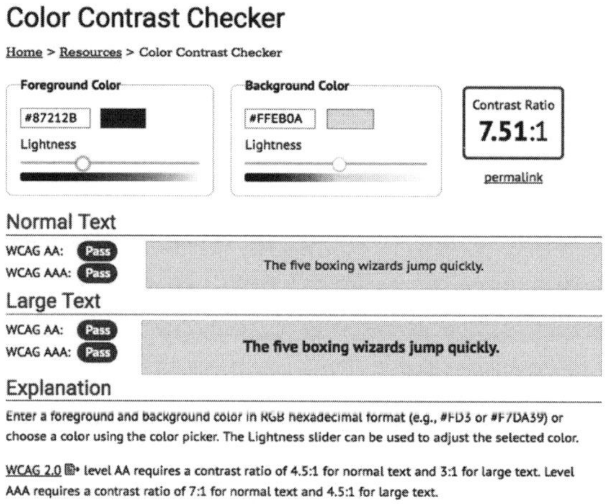

Figure 4.6 – Contraste avant/arrière-plan idéal, car supérieur à 7,28, permettant à tous de lire le texte, daltoniens et malvoyants inclus[1]

La couleur, des aspects techniques à considérer

Les spécificités techniques de la couleur sur Internet, si nous prenons en considération des aspects tels que l'interface et l'ergonomie sur lesquelles la couleur joue, sont fondamentales à comprendre dans un objectif d'amélioration de l'expérience de l'utilisateur (UX)*. Dans un environnement médiatisé par ordinateur, chaque couleur procure une sensation concrète, très différente selon les réglages de clarté et de saturation de l'écran. De fait, il apparaît nécessaire de distinguer les couleurs d'un site en prenant en considération les trois variables qui la composent : « Saturation », « Luminosité » et « Teinte » comme critères majeurs, afin de savoir s'il est prudent de choisir des couleurs précises lors de la conception d'un site Internet, et si cette question est cruciale dans un cadre marchand. Nous comprendrons ensuite l'importance accordée aux aspects techniques, puisque l'apparence colorée des sites marchands dépend non seulement de l'écran, des réglages de celui-ci, mais aussi des choix du concepteur du site quant à l'affichage.

1 Source : http://urlz.fr/7ylH

L'utilisabilité et l'ergonomie des sites Web marchands constituent des pratiques où la couleur joue un rôle majeur. Elles sont destinées à faciliter l'accès aux contenus en vue d'optimiser la satisfaction des utilisateurs. Concevoir un site utile et performant nécessite non seulement des contenus et services qui répondent aux besoins des utilisateurs, mais aussi que l'ergonomie et la navigation aient été bien pensées de sorte que ceux-ci soient facilement accessibles aux utilisateurs finaux. Car c'est leur satisfaction qui est au cœur de la question de la performance des sites marchands. Les concepteurs s'attachent donc à soigner l'interactivité des services en ligne par la mise en place de simulations, de consultations spécifiques, d'opérations en ligne, etc. Ils ont notamment recours à des techniques diverses leur permettant d'identifier les exigences à satisfaire et les tâches à accomplir (enquête contextuelle, focus group, approches individuelles).

Sur Internet, les couleurs sont présentes sous la forme d'aplats (la couleur du fond d'écran par exemple), de textes (couleurs des typographies), de boutons, de bordures de tableaux et d'images. L'affichage des images existe grâce à trois formats possibles que sont « GIF[1] », « JPEG[2] » et « PNG[3] ». Cette précision nous permet d'appréhender les difficultés inhérentes à l'affichage de couleurs sur Internet puisque chacun de ces formats possède des critères propres notamment en termes de qualité d'affichage que nous expliciterons par la suite. Les images et les couleurs que nous voyons sur Internet n'apparaissent pas toutes de la même façon selon le poste utilisé. Un écran plat et un écran cathodique n'ont pas les mêmes luminosités par exemple. De même, un ordinateur portable affiche une image que l'on perçoit différemment sur un poste fixe. Les couleurs varient aussi selon l'environnement (ou système d'exploitation) dans lequel nous évoluons, pendant la visite d'un site Web : Macintosh, Windows, Linux n'utilisent pas les mêmes outils pour définir

1 GIF : *Graphics Interchange Format.*
2 JPEG : *Join Photographic Experts Group.*
3 PNG : *Portable Network Graphics.*

une couleur sur ordinateur, de même que les écrans des supports mobiles n'interprètent pas non plus les couleurs selon les mêmes critères. Par exemple, l'écran AMOLED* (*Active-Matrix Organic Light-Emitting Diode*) ou « matrice active OLED » qui est utilisé sur la plupart des téléphones portables, se caractérise par l'intensité de ses couleurs, la profondeur de ses noirs (car les pixels sont alors éteints) et le haut niveau de contraste. « La différence entre écrans LCD* et OLED* (NDLR utilisés sur supports mobiles, ces deux grandes familles d'écrans représentent la quasi-totalité du marché et la plupart des autres technologies sont des dérivés de celles-ci) est visible au niveau des couleurs et des contrastes : le rétroéclairage ne venant ni atténuer les couleurs ni affaiblir les noirs – qui sont toujours gris sur du LCD – le contraste de l'OLED est presque infini et les couleurs plus vives. On dit par ailleurs que les noirs sont absolus grâce à cette technologie. Les pixels noirs sont seulement éteints et sans rétroéclairage, le noir devient donc une absence de lumière qui conforte le contraste et se montre très agréable à l'œil.[1] »

Des couleurs qui varient selon les écrans

En ce qui concerne les navigateurs utilisés par les internautes pour visiter des sites Web, chacun possède ses propres outils leur permettant de spécifier l'affichage de telle ou telle couleur. Ainsi, les propriétés colorimétriques que certains graphistes ont choisi d'encapsuler dans leurs images peuvent être interprétées différemment selon le rôle qu'elles jouent sur le site marchand. Cette information est invisible par l'homme, et n'est lisible que lorsque l'on cherche à connaître ce que l'image contient. Sur l'écran donc, même si l'image est scannée correctement, avec une correction et une synchronisation satisfaisante de la couleur pour la création de l'image finale, l'image qui s'affiche sur un site Internet apparaît à travers le filtre d'un navigateur souvent inadapté à la qualité de retranscription des couleurs que l'image

1 http://urlz.fr/7ylQ

requiert chez l'internaute qui visite le site en question. Les différences de retranscription des couleurs au sein des navigateurs dépendent tellement du système d'exploitation et de l'écran que cela annihile toute volonté de fidélité des couleurs entre le papier et l'écran…

Par conséquent, la même image aura une apparence totalement dépendante du support sur lequel elle apparaît. Et nous n'avons pas abordé là les réglages propres à chaque utilisateur (luminosité, couleur, contraste...), qui sont susceptibles à leur tour de donner une nouvelle apparence à l'image. Ces réglages représentent un sujet d'une importance considérable pour les graphistes comme pour les acteurs d'un marché des professionnels de la couleur en ébullition. S'il paraît essentiel de s'intéresser à l'aspect des images et donc des couleurs sur les sites Web marchands, certains exigent des responsables de la réalisation de leur site Internet que le contenu de leur catalogue apparaisse de façon identique sur tout support électronique (écrans d'ordinateurs, de smartphones, de tablettes, etc.). Ainsi, un annonceur du domaine de la cosmétique (où les teintes de rouge à lèvres représentent un panel de couleurs assez vaste par exemple), nécessiteux d'une communication homogène sur le packaging de ses produits, sur ses campagnes de mailing et d'affichage ainsi que sur ses « fiches produits », peut exiger dans le domaine du « Print » comme dans celui du Web, un niveau de qualité d'affichage et de fidélité des couleurs irréprochable sur ces divers supports. Les écarts de couleur entre l'affichage à l'écran et l'impression nécessitent alors d'être minimisés. Pour palier à ces exigences, les agences de création, si ce sont elles qui gèrent le site ou l'impression, mettent en place des moyens comme l'utilisation d'écrans haut de gamme, accompagnés d'outils d'étalonnage et de calibrage des couleurs. Des normes comme l'ICC (International Color Consortium) sont aussi apparues, qui correspondent à un format de représentation des profils de corrections colorimétriques appartenant aux images exportées au format PNG.

La couleur, champ d'investigation immense dès lors que l'on s'intéresse à ses effets sur l'homme, qu'ils soient d'ordres physiologiques, psychologiques ou cognitifs, compte bien sûr parmi les composantes de l'atmosphère d'un lieu de commerce tel qu'un site Internet. Modifier la couleur selon la cible du site, des produits qui y sont présentés ou de la période où ils sont affichés, correspond à des attentes managériales, dont le marketing s'est emparé notamment avec l'émergence du marketing sensoriel appliqué aux lieux de vente. Les effets de la couleur sur le consommateur, déjà étudiés dans de nombreuses disciplines, se retrouvent sur Internet. La perception de la couleur est complexe car elle n'est pas uniquement le fait physiologique ou psychologique, elle est aussi conditionnée par la culture du pays où vit l'internaute, son niveau de culture générale, son éducation, son appartenance socioprofessionnelle... Selon les données de psychologie générale et d'après des travaux relevant de la problématique explorant le niveau d'activation de la couleur, tout individu est doté d'une faculté physiologique innée de percevoir (ou non) des couleurs. Cette perception s'affinera, se définira et se manifestera également au cours de son expérience de consommation.

Le passé culturel et historique de la personne qui interprète l'interface influence donc aussi l'interprétation des couleurs et des autres variables contextuelles présentes sur l'interface. Ainsi, différentes personnes peuvent avoir une variété de sentiments sur la même page Web conçue avec la même application des couleurs. Les couleurs altèrent des perceptions visuelles et sensorielles (synesthésies) : une superficie colorée sera ainsi estimée de manière variable selon sa teinte et sa luminosité (Itten, 1996). Partant du principe que la couleur influence la perception d'une surface, de l'espace apparent du site Internet dans notre cas, nous pouvons concevoir que la couleur influence l'idée de clarté et donc d'espace que l'on se fait d'un site. C'est ce qui conduit les professionnels de la conception des sites Internet à choisir une couleur dominante (remplissage des grandes surfaces) et une couleur dite « tonique » (remplissage des petites surfaces), afin d'équilibrer les espaces et les volumes colorés du site. Nos yeux perçoivent en effet différemment *couleur tonique* et *couleur dominante*. La *couleur tonique* est la couleur de prédilection pour mettre en évidence l'interactivité des interfaces et les zones d'informations importantes. Elle est aussi appelée *couleur interactive*.

Couleurs et marques

« Une expérience frustrante sur un site Web nuit à mon opinion générale sur la marque », affirme Miller (2012). L'auteur ajoute que de nombreux clients d'une marque sont déçus de l'entreprise elle-même si l'expérience mobile ne répond pas à leurs attentes. L'expérience mobile fait référence à la perception qu'ont les utilisateurs d'un produit ou service mobile, tel qu'une application, un média social ou un site Web, par exemple un site Web de commerce électronique. Cette perception s'appuie principalement sur le sens de la vue. La principale variable parmi les caractéristiques visibles de la feuille de style en cascade (CSS)* utilisée pour écrire des instructions de formatage (règles) pour les sites Web est la couleur. En effet, la plupart des informations disponibles sur un site Web proviennent de ce qui est visible, faisant de la couleur la principale variable à prendre en compte lors d'une étude sur le comportement du consommateur qui utilise un appareil manipulé à des fins d'achat. En gardant à l'esprit que la couleur de fond est le premier facteur à apparaître lorsque le téléchargement d'une page Web est en cours (Gorn et al., 2004), penser aux couleurs pour améliorer l'expérience mobile et profiter des avantages des entreprises est fondamental pour le retour sur investissement d'une organisation (ROI). Néanmoins, l'attention portée à la couleur de fond elle-même et aux différents paramètres qui la résument (tels que la teinte, la luminosité et la saturation) ne suffit pas pour améliorer l'expérience client. Le contraste coloré entre l'avant (textes, images, tableaux, etc.) et l'arrière-plan (fond) est en effet plus utile pour parler de couleur d'un site Web, car c'est lui qui permet de lire et comprendre ce que promeut le site en question.

Les résultats de l'étude conduite par Pelet et Taieb (2017) relative aux effets de l'environnement sur la perception d'utilisateurs en situation d'achat réel – dans la rue, sur leur smartphone –, montrent que le contraste des couleurs d'un site de commerce mobile, en particulier un contraste positif (texte clair sur fond foncé), influence fortement les intentions comportementales du consommateur dans des conditions externes. Le consommateur serait plus enclin à acheter sur le site mobile avec un contraste positif (dans notre cas, un texte jaune sur fond vert) (tableau 4.7).

Tableau 4.7 – Interfaces utilisées pour l'étude en conditions réelles d'achat sur smartphone[1]

Polarité du contraste	Site avec un contraste négatif (texte vert sur un fond jaune)	Site avec un contraste positif (texte jaune sur fond foncé)
Conditions environnementales	 Intérieur (ordinateur portable/ ordinateur de bureau)	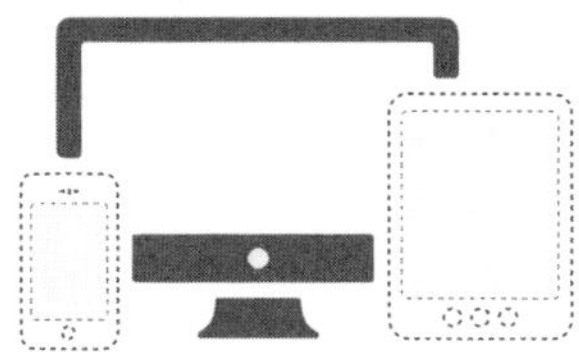 Extérieur (support mobile)
Interface	 Exemple d'interface du site mobile conçu pour l'expérimentation	 Exemple d'interface du site mobile conçu pour l'expérimentation

Sur un site mobile, dans les conditions extérieures de l'expérimentation*, les répondants ont de meilleures intentions comportementales lorsque la polarité du contraste est constituée d'un texte clair sur un fond sombre (contraste positif), ce qui est le contraire de la plupart des sites actuels utilisant le noir pour la couleur du

1 Source : Pelet et Taieb, 2017.

texte sur des arrière-plans lumineux tels que le blanc (contraste négatif).

Dans des conditions où le soleil brille et où il est souvent difficile de lire l'écran du smartphone, les utilisateurs semblent préférer les contrastes positifs. Fait intéressant, ce contraste existe dans n'importe quel smartphone comme une option « Accessibilité », dans le dossier « View » de la section « Paramètres » lorsque vous appuyez sur le bouton « Couleurs négatives ». Cependant, il n'est pas très facile à mettre en place, surtout lorsque les conditions d'éclairage sont difficiles, comme lorsque le soleil brille. Il serait donc intéressant de rendre ce service disponible lorsque le capteur d'image du smartphone détecte le soleil et l'allume automatiquement lorsqu'il atteint un certain niveau. Cela améliorerait la lisibilité de l'écran et protégerait les yeux des utilisateurs en même temps.

De même, cela pourrait quelque peu économiser la batterie du smartphone. Il utilise plus d'énergie pour montrer un écran lumineux que sombre. C'est pourquoi un smartphone s'éteint relativement vite quand on ne touche pas à son écran : afin de préserver la durée de vie de la batterie, plus il affiche un écran noir, moins il utilise d'énergie. Un site majoritairement composé de couleurs foncées plutôt que de couleurs vives peut aider à économiser la batterie et donc à préserver l'environnement : cela peut constituer une stratégie « écologique » pour les marques qui travaillent ainsi et transforment les utilisateurs en des « consommateurs socialement conscients », tel que représenté par Brooker (1976).

En outre, la prise en compte d'autres variables telles que le sentiment d'intimité et la perception du temps d'attente pourraient fournir plus de détails sur le comportement d'achat des personnes ayant des problèmes de vue. Les études futures sont invitées à considérer d'autres couleurs et à examiner séparément l'effet de la couleur de fond et de la couleur du texte, ainsi que l'interaction entre les deux. De plus, il n'y a toujours pas d'accord pour savoir si les réactions humaines à la couleur sont innées ou apprises et si elles peuvent être conditionnées par l'expérience sociale de chaque individu (Crozier, 1999). Les aspects culturels doivent également être pris en compte dans la mesure où nous percevons la couleur différemment selon nos origines.

Alors que les smartphones continuent d'offrir de plus en plus de possibilités graphiques grâce à leur puissance croissante, leur permettant de montrer plusieurs milliards de couleurs, nos yeux ne permettent de n'en distinguer que 300 000 (Chrisment et al., 1994). Parmi ceux-ci, il est facile de créer des rapports de contraste qui permettent aux utilisateurs souffrant de daltonisme, ainsi que d'autres problèmes visuels, d'exploiter des outils gratuits et faciles à utiliser (pour une liste de ces outils, visitez le site http://www.scoop.it/t/color). Comme déjà décrit par Pelet et Papadopoulou (2012), en prenant en compte les directives du W3C et du *Web Accessibility Initiative*[1] (WAI), l'utilisation de la couleur devient plus professionnelle et les choix des concepteurs Web sont plus éclairés en termes de convivialité, ainsi qu'en termes d'IHM en général.

Les prochaines avancées de la couleur pour le design d'interfaces montreront une adaptation de la charte graphique du site Web et de l'application aux émotions de l'utilisateur tenant le mobile multifonctions, par la température de sa main, sa sudation et son rythme cardiaque, tout en s'adaptant à ses envies. Elles prendront aussi en considération le contexte c'est-à-dire l'environnement où se trouve l'utilisateur, et adapteront l'interface à la luminosité ambiante grâce à la cellule photo de l'appareil, à la température aussi. On ne tient pas ce mobile de la même façon quand il fait très froid, que lorsque la chaleur devient intenable.

Enfin, la position géographique pourra aussi indiquer aux marques à qui elles ont à faire sur un plan culturel, et afficher les couleurs correspondant aux préférences de couleurs, selon la culture… elles sont infinies. Les couleurs chaudes sont par exemple préférées

1 Le WAI désigne le « *Web Accessibility Initiative* », un projet du W3C dont l'objectif est d'accroître l'accessibilité sur le Web en proposant des guides à suivre, que ce soit pour la couleur, le texte, les images, etc. Aller voir : https://www.w3.org/WAI/

sur un site Web dans les pays chauds, et les couleurs froides dans les pays froids, de même que les Chinois se marient en rouge, symbole de joie et de bonheur, tandis que les Japonais trouvent cette couleur apaisante. Beaucoup de pistes pour améliorer la conception des sites Web et des applications, en partie grâce à la couleur.

Avis d'expert

JEAN-FRANÇOIS NOGIER, président-fondateur d'Usabilis, conseil UX et ergonomie digitale, www.usabilis.com

POURQUOI LES SITES DE E-COMMERCE SE RESSEMBLENT-ILS TOUS ?

Parce que lorsqu'un CEO veut optimiser le taux de conversion sur son site de e-commerce, son CDO* (*Chief Digital Officer*) lui répond généralement qu'il faut s'inspirer d'Amazon. Et c'est ainsi que tous les sites de covoiturage ressemblent à BlaBlaCar et toutes les applications taxi à Uber, avec un certain succès d'ailleurs car il y a aussi de bonnes idées chez ces marques.
Cela présente l'avantage de rassurer tout le monde et surtout, en l'occurrence, ceux qui n'achèteront jamais sur le site, c'est-à-dire ceux qui conçoivent et développent le site, l'équipe de direction qui décide, ainsi que les actionnaires qui financent. Autant d'alliés pour ne pas changer, conserver les habitudes du client potentiel qui viendra sur votre site à grand renfort de publicités et autres techniques marketing ancestrales.
Et puis, tout le monde le sait depuis que J. Nielsen[1] l'a dit : on apprend à utiliser un nouveau site Web en allant sur les autres sites. Puisque votre site

• • •

1 Jakob Nielsen (né en 1957 à Copenhague, Danemark) est l'un des inventeurs de la démarche UX. Il a travaillé pour Bell, IBM, et Sun Microsystems. Jakob Nielsen est le cofondateur, avec Don Norman, du Nielsen Norman Group, une des sociétés de conseil UX les plus reconnues au monde (www.nngroup.com). Il publie une newsletter très populaire dans le domaine de l'UX : les « alertbox » (www.nngroup.com/articles).
Jakob Nielsen a publié deux livres traduits dans le monde entier : *Conception de sites Web : L'art de la simplicité*, Paris, CampusPress, 2000 (ISBN 2-7440-0887-7) et *Usability Engineering*, Boston, 1993 (ISBN 0-12-518406-9). Ce dernier ouvrage pose l'ensemble des bases de la démarche UX.

• • •

n'existe toujours pas, afin de faciliter la phase d'apprentissage, il est donc tout à fait légitime de s'inspirer des sites similaires, c'est d'ailleurs ce qu'on appelle pudiquement le benchmarking. Bien sûr, le client de votre site est le même que celui de vos concurrents. Il interagit avec le site en utilisant une souris ou son doigt sur mobile, en parcourant et lisant partiellement vos pages, en interprétant les informations affichées selon son langage et sa culture.

Mais bien qu'ils se ressemblent, les utilisateurs de votre site sont-ils les mêmes que ceux d'Amazon.com ou de Booking.com ?

Et surtout, si votre site ressemble à celui d'Amazon.com ou de Booking.com, **comment va-t-il se différencier des autres ?**

La réponse est dans l'UX. Votre site se différenciera de la concurrence s'il propose une expérience utilisateur (UX) dédiée à la cible, adaptée aux utilisateurs visés.

Dans un premier temps, l'UX, c'est avant tout une question de sensibilité. C'est faire preuve d'empathie, **oublier ses préjugés pour n'écouter que les utilisateurs**. Peu importent ses propres goûts ou ceux de son patron, peu importent les tendances du moment et les préférences des actionnaires, ce qui va compter c'est la perception des futurs clients.

C'est en s'appuyant sur les besoins et les attentes des clients que l'on conçoit un site apprécié des utilisateurs au-delà des effets de mode, un site que les utilisateurs comprennent car il parle leur langage, un site sur lequel ils reviennent car il correspond à leur manière de penser, et surtout un site qui, de ce fait, se différencie des concurrents.

Dans un second temps, pour comprendre l'utilisateur, l'UX est une méthode d'analyse à la fois ethnographique* et cognitive, et surtout une méthode d'expérimentation.

Certains pensent que l'UX c'est une question de talent, qu'ils ont la chance (puisqu'ils sont UX) de mieux savoir que les autres ce dont les utilisateurs ont besoin. Non, l'UX ce n'est pas une question de talent, c'est avant tout une démarche méthodologique rigoureuse qui permet de concevoir un service adapté aux besoins des utilisateurs et à leur contexte d'utilisation.

Concrètement, l'UX se décline en trois étapes : **Analyse**, **Conception** et **Évaluation**. L'étape d'analyse consiste à observer, interviewer, analyser le comportement des véritables utilisateurs du produit. Cette étape est également appelée *User Research**.

• • •

• • •

Figure 4.8 – Étude ethnographique : en situation, sur le terrain, le consultant UX interroge les véritables utilisateurs du service

L'étape de conception, c'est la définition des interfaces de l'expérience digitale, on parle de UX/UI Design. Dans cette seconde étape, on maquette des solutions pour répondre aux besoins des utilisateurs identifiés dans la première phase. L'UX Designer réalise rapidement les pages du futur site en mode « fil de fer noir et blanc », on parle de *wireframes**. Toutefois, on a tendance à oublier que **ces maquettes ne sont pas le résultat final**. Ce sont des hypothèses de conception qu'il convient de vérifier auprès des véritables utilisateurs. C'est le rôle de la troisième étape : l'évaluation des interfaces, généralement, est une série de tests utilisateurs qui permet de valider concrètement auprès des véritables utilisateurs du produit les hypothèses de la seconde étape. Vous le comprenez : **l'UX est une démarche scientifique**, s'appuyant sur les travaux en ergonomie, psychologie cognitive* et psychologie expérimentale*. Faire de l'UX, c'est mettre en œuvre les trois phases présentées au-dessus, en particulier la démarche itérative de maquettage/test utilisateur* qui permet d'améliorer concrètement l'UX sur des bases objectives et précises.

• • •

• • •

Figure 4.9 – En laboratoire, le test utilisateur permet de valider concrètement les hypothèses de conception auprès des véritables utilisateurs du site

Cette immersion concrète dans l'usage réel du futur produit et une démarche scientifique rigoureuse vont permettre de concevoir une expérience utilisateur différenciante et véritablement adaptée à votre cible, d'attirer les visiteurs et finalement d'améliorer le taux de conversion, comme le souhaitait votre CEO.

FICHE PRATIQUE

AMÉLIORER LA QUALITÉ DES PAGES WEB

Avec Lighthouse

Lighthouse[1] est un outil automatisé open source pour améliorer la qualité des pages Web. Vous pouvez l'exécuter sur n'importe quelle page Web publique ou nécessitant une authentification. Il a des audits pour la performance, l'accessibilité, les applications Web progressistes, et plus encore.

Avec SimilarWeb

SimilarWeb[2] est une solution de Market Intelligence qui permet d'optimiser une stratégie digitale et de découvrir de nouvelles tendances grâce à l'analyse du trafic. Il identifie les sites les plus visités dans chaque pays pendant un an. Pour faire partie de l'étude, les sites doivent :
– être des sites BtoC.
– être des sites transactionnels (où l'utilisateur peut conclure un parcours par une conversion).

L'essentiel

- Ainsi que nous l'avons vu, la conception d'un site Web d'e-commerce s'appuie sur des principes mêlant esthétique, ergonomie et si possible plaisir à « dominer » l'interface.
- Pour cela, concevoir l'interface en pensant « UX First » grâce à des jeux différents sur l'atmosphère (couleurs, fontes, mise en page) s'avère rapidement intéressant étant donné le rôle fondamental de la vue dans ce domaine.
- Adapter le design d'interface à la culture, aux émotions, à l'emplacement où se situe l'utilisateur, compte parmi les premiers pas indispensables à enchaîner, dans une logique ROIste.

1 http://urlz.fr/7yJk
2 http://urlz.fr/7yJm

Chapitre 5

Fondations technologiques du e-commerce connecté

Objectifs du chapitre

- **Les supports de vente de demain** intégreront la voix et transformeront a priori le *mobile first* en *voice first*, tant les enceintes intelligentes recèlent de possibilités.
- **Une innovation italienne pour le compte de Ford et des personnes aveugles** est introduite, destinée à présenter un possible e-commerce basé sur l'oral et le tactile… dans la voiture connectée.
- **Les systèmes de géolocalisation** permettant de capter des micro moments d'attention des consommateurs grâce aux *Location Based Services*

(Services Basés sur la Localisation) sont présentés par l'entremise d'une recherche en comportement du consommateur.

- **La nouvelle donne imposée par Google** qui facture désormais ses « Maps » intégrées aux sites Web permet d'entrevoir les changements auxquels l'e-commerce peut s'attendre.

L'utilisation d'outils intégrés aux nouveaux supports de vente

« Un bien n'est agréable que si on le partage. »
Sénèque

Afin de pouvoir afficher un contenu sur tout support, quelques bonnes manières sont à prendre en considération en vue de convertir le visiteur en client. Ceci devient d'autant plus important que les supports varient, mettant à l'honneur le « *voice first*[1] », c'est-à-dire l'utilisation de la voix comme premier canal d'accès aux sites d'e-commerce.

Les responsables en recherche et développement chez Amazon ne s'y trompent pas, ils mettent l'accent sur la voix, et mettent en avant l'interface utilisateur la plus naturelle possible. Elle permet en effet d'améliorer la manière dont les gens interagissent avec la technologie selon eux. Lancées fin 2014 aux États-Unis, les enceintes intelligentes Echo d'Amazon ont déjà conquis 31 millions de foyers aux États-Unis, d'après une estimation de Consumer Intelligence Research Partners[2]. Les enceintes commandées par la voix permettent d'accéder à des services tels que l'écoute de la musique, l'annonce

1 « La voix d'abord ».

2 *Le Monde*, mercredi 20 juin 2018, « Avec Alexa, Amazon créé une interface pour l'individu », extrait de http://urlz.fr/7yJQ

de la météo, la commande d'une pizza ou encore l'exécution d'une requête sur Internet. Les enceintes intelligentes deviennent donc petit à petit le relais principal entre consommateurs et marques, et donc le prochain chemin d'accès au e-commerce (figure 5.1).

Figure 5.1 – Les principales enceintes intelligentes du marché en 2018

Plusieurs facteurs influencent l'adoption de la technologie vocale. C'est d'abord beaucoup plus rapide que de taper, notamment sur smartphone. Les enceintes intelligentes permettent aux yeux et aux mains un accès libre et gratuit à l'information et au divertissement. La technologie est de plus devenue très précise. L'usage de la voix sur les smartphones a réconcilié les consommateurs avec des tâches utilitaires dues à la commodité vocale améliorée. Les haut-parleurs intelligents ont étendu l'accès à un large éventail de fonctionnalités utiles à la maison et au bureau.

La recherche vocale a servi d'indicateur permettant de comprendre que les consommateurs étaient susceptibles d'utiliser la voix plus fréquemment. Elle a rapidement atteint 20 % de toutes les recherches sur mobile et comScore prédit maintenant que 50 % de toutes les recherches seront bientôt prononcées au lieu d'être tapées. Gartner prédit même que 30 % de toutes les interactions de pages Web seront initiées par la voix.

L'introduction d'Amazon Echo puis de Google Home montre que l'interaction vocale ne serait pas limitée au mobile. Elle est destinée à être partout et, dans de nombreux cas, à devenir notre interface utilisateur (UI) principale pour la technologie. De même que le « *point and click* » s'est avérée être une interface utilisateur très puissante pour les PC et le « tactile » pour le mobile, la voix montre son utilité pour une grande variété d'usages.

Cependant, les haut-parleurs intelligents qui équipent pour l'instant les foyers américains ne servent pas prioritairement aux ventes directes du e-commerce, du moins pas encore.

Tableau 5.1 – Usages des haut-parleurs intelligents aux États-Unis

Usage	Pourcentage de réponses positives
Poser des questions d'ordre général	60 %
Connaître la météo	57 %
Écouter de la musique en streaming	54 %
Régler un compte à rebours, un chronomètre ou une alarme	41 %
Se rappeler de tâches à faire	39 %
Gérer son calendrier	27 %
Faciliter l'automatisation de la maison	27 %
Lire des news en streaming	22 %
Trouver des entreprises locales	16 %
Jouer à des jeux	14 %
Commander des produits	11 %
Commander de la nourriture ou des services	8 %

Source : comScore, 2017

Google (États-Unis) demeure le principal concurrent d'Amazon (États-Unis) en termes de haut-parleurs intelligents, devant JD.com (Chine), Xiaomi (Chine) ou Alibaba (Chine). Petit à petit, Google

Home est en train de prendre des parts au géant qui détient le monopole : Echo d'Amazon. Il a déjà pris 25 % de part de marché. Entre ces deux extrêmes, nous trouvons des déclinaisons de l'Echo d'Amazon, le haut-parleur équipé de Cortana (Microsoft) ou encore le Sonos One supportant la technologie Alexa d'Amazon (information tirée des sites Web des entreprises citées).

Les estimations d'Amazon concernant la technologie Alexa embarquée dans l'enceinte intelligente Echo indiquent que plus de 30 000 possibilités sont déjà envisageables aujourd'hui. La plupart ciblent les jeux (25 %) et l'éducation (13 %) avant de toucher au style de vie, à la musique, aux nouvelles et à l'humour, aux outils de productivité, aux voyages et aux transports, au sport et à la maison connectée. Les haut-parleurs intelligents d'Amazon ont donc de beaux jours devant eux pour ce qui concerne leur utilisation dans le cadre du e-commerce (Statista, 2018).

Tableau 5.2 – Les principales catégories des applications du Google Store

Catégorie	Pourcentage	Nombre d'applications existantes
Jeux et humour	27 %	483
Éducation	9 %	165
Contrôle de la maison	8,9 %	163
Business et finance	7,30 %	135

Les autres applications du Google Store sont dédiées au voyage et aux transports ; d'autres encore constituent des outils de productivité, des outils pour l'aspect social et la communication, la santé et le sport, la nourriture et les boissons, le shopping, le cinéma, les photos et la télévision ; les dernières applications sont liées au style de vie, au local, à la musique et l'audio, aux nouvelles et magazines suivies des sports et de la météo, dernières des applications présentes grâce à l'assistant Google (Voicebot.ai[1]). La raison de

1 https://voicebot.ai/

cette progression croissante de l'assistant Google sur les parts de marché d'Echo d'Amazon, Alexa d'Amazon, Cortana de Microsoft ou Siri d'Apple, tient peut-être aux requêtes correctes auxquelles répond l'assistant Google. Qu'il s'agisse de lui poser des questions sur l'emplacement géographique, les commerces, l'utilisation de la navigation, des demandes d'informations ou encore la prise de commandes, l'assistant Google ressort premier devant Amazon Alexa, Microsoft Cortana ou Siri d'Apple.

D'après Werner Vogels, vice-président d'Amazon, l'intelligence artificielle (IA) est la principale raison de ce succès. Cette interface pensée pour l'individu balaye d'un revers les interfaces des outils numériques habituels, ordinateurs, smartphones... L'une des raisons mises en avant par le vice-président consiste à dire que grâce à la voix, de nombreuses personnes exclues de la révolution numérique – les vieux, les jeunes, les personnes qui ne savent parfois ni lire ni écrire – vont désormais pouvoir accéder à Internet grâce à cette enceinte. Le fonctionnement du système est le suivant : l'enceinte, après avoir été activée, enregistre une consigne ; la requête est alors enregistrée et envoyée dans le cloud, c'est-à-dire l'informatique dématérialisée, pour être analysée ; la réponse adéquate est ensuite envoyée.

Dans le futur, Amazon prévoit que l'enceinte puisse mener une conversation et pas simplement enchaîner deux ou trois interactions avec l'utilisateur : le contexte sera aussi davantage pris en compte et les différents e-mails envoyés ou commandes effectuées permettront à l'enceinte de réagir en fonction de ces derniers. Les services mis à la disposition sur cette enceinte ne sont pas tous liés à Amazon et chaque acteur du e-commerce peut s'en servir. Les 30 000 fonctionnalités proposées aujourd'hui par Alexa vont se démultiplier à mesure que d'autres marques comme Volkswagen, Ford, General Electric ou encore Sonos décideront de l'utiliser. Il est facile d'imaginer ce que les enceintes intelligentes couplées à la dernière innovation pour non-voyants de Ford (voir encadré ci-après) pourraient créer dans l'habitacle d'une voiture pour faire venir les marques vers les consommateurs.

Ces enceintes intelligentes sont tellement attendues par le grand public que plus de 50 % de leurs utilisateurs apprécieraient de les utiliser dans d'autres situations, notamment dans la voiture ou tout autre véhicule pour 64 %, sur le téléphone pour 60 %, sur la télévision pour 53 %, sur le lieu de travail pour 35 %, dans des endroits autres qu'à la maison, au travail ou en voiture pour 30 % (NPR & Edison Research[1]). Ces statistiques renforcent l'idée de mettre en commun ce type d'appareil avec les innovations en matière d'accessibilité telles que « *Feel the View* » de Ford.

Malheureusement, les trois acteurs majeurs du marché des enceintes connectées que sont Home de Google, Echo d'Amazon et HomePod d'Apple ne font pas encore d'émules en France. Une récente enquête du *Monde* du 23 juin 2018[2] indique ainsi que, parmi les services dont elles font la publicité, seules la météo et la musique fonctionnent de façon simple et fiable. Pour beaucoup de consommateurs, c'est un achat parfaitement dispensable. Cela à la suite de centaines de questions posées aux trois intelligences artificielles condensées dans ces enceintes.

La combinaison du vocal et du tactile au service de l'hospitalité digitale dans la voiture connectée

Le consommateur averti, en déplacement, non lié aux limites horaires et géographiques, utilise désormais les smartphones, les tablettes et divers appareils portables pour visiter des sites Web et des sites Web marchands afin de découvrir, commenter, comparer et acheter des biens et services. La croissance des outils numériques a créé une énorme opportunité, à tel

• • •

1 « NPR Press Room: Following Holiday Surge, One In Six Americans Owns A Voice-Activated Smart Speaker », extrait d'Internet en juin 2018 à http://urlz.fr/7yKt

2 « Comparatif : HomePod, Echo, Home… Quelle enceinte connectée choisir », par Nicolas Six, publié le 23 juin 2018 et extrait d'Internet le 24 juin 2018 à http://urlz.fr/7yKx

• • •

point que vous voyez déjà certains de ces services éclore, en particulier dans les centres urbains à forte densité et à grande échelle. Il existe en effet une population de foyers technologiques qui veulent et peuvent payer pour la commodité. Si un environnement « technologiquement adapté » peut être la norme dans les zones urbaines, ce n'est pas nécessairement le cas dans les zones rurales où l'hospitalité est fortement encouragée pour la découverte de lieux de restauration, d'hôtellerie, de vente à la ferme, etc. En particulier, les destinations viticoles rurales présentent des défis intéressants pour les touristes et les commerçants en raison des différences culturelles rurales et du manque d'infrastructures qui rendent la connectivité possible. Opérer sans connectivité numérique diminue l'expérience multisensorielle des consommateurs et entraîne des pertes d'opportunités pour les entreprises dans les destinations touristiques. Ford, en pensant aux personnes handicapées, a particulièrement bien compris ce point en créant une technologie qui aide les aveugles à voir dans les voitures, grâce à un astucieux appareil en braille pour les vitres de voiture. Avec ce dispositif « Ford's – Feel the View », le constructeur automobile aide les malvoyants à voir le monde, en particulier dans l'avenir des voitures autonomes connectées (voir figure 5.2).

Figure 5.2 – Feel the View : une fenêtre intelligente pour les passagers aveugles[1]

• • •

1 Feel the View prend des photos qui sont transformées en images monochromes à fort contraste. Celles-ci sont ensuite reproduites sur le verre des vitres de la voiture en utilisant des LED spéciales. En touchant l'image, différentes nuances de gris vibrent avec une gamme de 255 intensités, permettant aux passagers de toucher la scène et de reconstruire dans leur esprit le paysage devant eux. Voir la publicité : http://urlz.fr/7yLj

L'utilisation intelligente des équipements numériques peut aider les destinations touristiques à améliorer les expériences des consommateurs. Un écosystème numérique connecte des dispositifs intelligents permettant à un ensemble de technologies innovantes de fonctionner en synchronisation et d'échanger de la valeur (par exemple l'information, le divertissement, la promotion et l'économie) entre les producteurs et les consommateurs. Les appareils intelligents, appelés *Internet of Things* (IoT), sont des objets connectés à Internet capables d'interagir en temps réel d'un objet à l'autre. Par exemple, un capteur peut détecter la proximité d'une « plaque d'immatriculation intelligente » ou d'un système de géolocalisation (GPS) pour envoyer des notifications aux touristes et offrir des promotions *via* leurs réseaux sociaux. Une utilisation stratégique des appareils numériques peut aider à diriger les touristes connectés vers les vignobles.

Les zones productrices de vin en tant que destinations touristiques potentielles représentent des zones importantes pour le développement économique, en particulier dans les zones rurales. Une infrastructure touristique pourrait être renforcée par des antennes Wi-Fi le long des routes permettant de susciter des interactions sociales. Les professionnels du tourisme peuvent utiliser la technologie numérique pour atteindre et concevoir des promotions en temps réel, adaptées aux touristes circulant dans la proximité d'un domaine. Bien que les outils numériques soient accessibles à tous les budgets de marketing, utilisés par les grandes entreprises et les petites entreprises, ils sont essentiels pour les petits producteurs dont les budgets de marketing limités exigent la reconnaissance et la croissance de la marque. Une infrastructure numérique aiderait les producteurs à développer la valeur de la marque en leur permettant de promouvoir leurs produits et services grâce à des outils numériques innovants tels que les applications, les médias sociaux, GPS et sites Web de m-commerce.

Vocal et géolocalisation pour mieux capitaliser sur les micro moments d'attention des consommateurs

C'est sur la navigation et l'utilisation de cartes mais aussi sur les requêtes liées aux emplacements géolocalisés que l'assistant Google sort grand vainqueur face à ses trois concurrents. Avec l'utilisation complémentaire d'outils tels que les enceintes intelligentes complétées de systèmes de géolocalisation, et suite à l'encadré présenté ci-dessus, il est facile d'entrevoir l'importance des données contextuelles. Ces dernières vont permettre de mieux capitaliser sur les micro moments d'attention des consommateurs (figure 5.3).

Figure 5.3 – La combinaison des réseaux sociaux, de la géolocalisation, et d'autres outils comme les enceintes intelligentes : futur du e-commerce

L'impact des services basés sur la localisation sur l'intention d'achat en ligne

L'étude qui suit présente un modèle empiriquement testé expliquant la relation entre les médias sociaux, les services basés sur la localisation (LBS), l'émotion de l'utilisateur et l'intention d'achat en ligne. Elle a été conduite par Pelet, Khan et Cowart et présentée à la conférence de l'Association sur la recherche en comportement du consommateur (ACR), en 2017 à San Diego (États-Unis).

Les médias sociaux et les services géolocalisés (LBS) peuvent aider les organisations à améliorer leurs relations avec leurs clients (Statista, 2017). Par exemple, les recherches de Gazley et al. (2015) confirment que les messages numériques reçus sur le point de vente influent davantage sur les attitudes des consommateurs à l'égard du message et de l'intention d'achat que les messages numériques reçus à la maison. Les médias sociaux ont été établis comme un moyen important pour les organisations de commercialiser leurs biens et services (O'Donnell, 2014). Avec la puissance croissante des médias sociaux et des appareils compatibles LBS, les consommateurs sont fortement ciblés par les entreprises. Néanmoins, des questions demeurent sur la meilleure façon de cibler les clients utilisant cette technologie.

La recherche actuelle répond à l'appel à plus d'analyse dans deux domaines : 1) l'effet des LBS dans le domaine des achats en ligne (Gazley et al., 2015) et 2) les pratiques du marketing relationnel mobile (CMO Council, 2012[1]). Le but de l'étude est d'examiner comment le temps passé par les consommateurs sur les médias sociaux utilisant des appareils mobiles compatibles LBS affecte les intentions d'achat.

Un tiers de la population mondiale sera sur les réseaux sociaux d'ici 2020 (Statista, 2017). Les médias sociaux ont rehaussé le profil des applications telles que Foursquare[2], qui utilisent les LBS pour montrer où un produit peut être acheté. Les entreprises utilisent les applications LBS pour stimuler les ventes, améliorer le marketing ciblé et fournir des informations. Bien que certains consommateurs aient exprimé des préoccupations au sujet de la violation de la vie privée, d'autres sont très disposés à divulguer des informations sensibles *via* le LBS. L'attitude et les sentiments des consommateurs mobiles vis-à-vis du LBS, qu'ils soient positifs ou négatifs, renforceront l'effet des médias sociaux sur l'intention d'achat.

L'intention d'achat sur les appareils mobiles a fait l'objet de plusieurs études. Cependant, il y a un manque de recherche sur la façon

1 https://www.cmocouncil.org/

2 https://foursquare.com/ « Trouvez les meilleurs endroits pour manger, boire, faire du shopping ou visiter dans n'importe quelle ville du monde. Accédez à plus de 75 millions de petits conseils d'experts locaux. »

dont l'intention d'achat est influencée par les médias sociaux et les LBS. Ainsi, les auteurs émettent les hypothèses suivantes :

- Hypothèse 1 : la relation entre le temps passé sur les médias sociaux *via* un smartphone et l'intention d'achat en ligne est influencée par les sentiments envers les LBS.
- Hypothèse 2 : la relation entre le temps passé sur les médias sociaux *via* un ordinateur portable/de bureau et l'intention d'achat en ligne est influencée par les sentiments envers les LBS.

En 2016, 1 000 sollicitations de sondages ont été envoyées *via* Facebook, Twitter et e-mail, ce qui a donné lieu à un échantillon boule de neige de 415 répondants : 57 % d'hommes ; tous avaient entre 25 et 45 ans et 52 % étaient des étudiants. Les participants ont été classés dans les catégories d'utilisateurs de smartphones et d'ordinateurs portables/de bureau pour l'analyse d'une médiation. Ils ont été inscrits dans un tirage au sort pour gagner un iPhone 5 à la fin du questionnaire.

L'intention d'achat est la principale variable dépendante dans cette étude. Les variables indépendantes sont le temps passé sur les médias sociaux *via* smartphones/tablettes et le temps passé sur les médias sociaux *via* ordinateur portable/de bureau. Les LBS sont traités comme étant médiateur. Des échelles adaptées ont été utilisées pour mesurer chaque construction. Tous les items utilisaient des échelles de Likert où « 1 » équivalait à un fort désaccord et « 7 » équivalait à un fort accord.

Les résultats de l'étude ont montré que la relation entre le temps passé sur les médias sociaux *via* le smartphone et l'intention d'achat en ligne était influencée par les émotions des utilisateurs envers les LBS, soutenant H1. La relation entre le temps passé sur les médias sociaux *via* ordinateur portable/de bureau et l'intention d'achat en ligne a été influencée par les sentiments envers les LBS. Ceci supporte la médiation partielle du rendu H2.

Cette étude présente un modèle empiriquement testé expliquant l'influence des médias sociaux et des services basés sur la localisation sur l'intention d'achat en ligne. En réponse à Gazley et al. (2015), les auteurs ont étudié l'effet des médias sociaux plutôt que de la publicité pour déterminer leur importance dans les étapes initiales du processus d'achat. Les résultats confirment que l'intention d'achat est influencée par le temps passé sur les médias sociaux *via* un smartphone et *via* un ordinateur portable/de bureau lorsque cela est influencé par des sentiments à propos des LBS. Ils indiquent aussi que plus les gens pensent positivement au sujet des LBS lorsqu'ils utilisent les médias sociaux, plus ils sont susceptibles d'avoir des intentions d'achat favorables envers les fournisseurs en ligne.

Comme le suggèrent les résultats de la recherche, les médias sociaux peuvent être utilisés par les fournisseurs pour offrir une expérience de consommation plaisante et agréable qui amènera les consommateurs à passer plus de temps sur les médias sociaux et éventuellement à augmenter leurs achats. En concentrant leur stratégie numérique sur les médias sociaux, les entreprises peuvent maintenant mieux comprendre l'importance d'ajouter des fonctionnalités basées sur la localisation à leurs offres de services. Les LBS qui sont positivement perçus et jugés bénéfiques pour le consommateur peuvent créer une intention d'achat positive. Ceci est en lien avec d'autres travaux qui ont proposé que les consommateurs qui croient que les services mobiles améliorent leur expérience globale d'achat sont plus susceptibles d'utiliser les services mobiles dans leurs achats.

FICHE PRATIQUE

AU SUJET DES « MAPS » DE GOOGLE INTÉGRÉES SUR LES SITES

À propos du système de cartes, celui-ci étant devenu payant à partir du 11 juin 2018, cela change quelque peu la donne du côté des sites Web marchands. Jusqu'alors généreux avec les sites exploitant abondamment les API* (*Application Programming Interfaces*) de son service de cartographie « Maps », Google a revu sa grille tarifaire. Alors que la gratuité était appliquée pour les sites effectuant jusqu'à

• • •

25 000 chargements de cartes par jour, depuis le 11 juin, les utilisateurs paient 196 dollars pour 28 000 chargements de cartes par mois.
Lancé en février 2005, le service de cartographie de Google, Maps, a permis à de nombreux sites Web (e-commerce, tourisme, services...) qui embarquent et exploitent ses API dans le monde, d'exploiter les services de cartographie de Google. Un succès dû autant à la qualité du service qu'à des conditions tarifaires très avantageuses, bien qu'ayant été un peu revues à la hausse. La comparaison entre la facturation actuelle et à venir de l'exploitation des API Maps change la vie des gros utilisateurs. Jusqu'alors, les sites effectuant jusqu'à 25 000 chargements de cartes par jour (soit plus de 750 000 par mois) bénéficiaient d'un service gratuit – et d'un tarif de 0,5 dollar pour 1 000 chargements de cartes supplémentaires quotidiens. Depuis le 11 juin 2018, les API « Routes » et « Places » ne sont pas épargnées par la hausse des tarifs, puisque la gratuité n'est possible qu'en cas de 1 000 chargements de cartes par jour, pour un maximum de 28 000 par mois comme l'explique Dominique Filippone, chef des actualités au *Monde informatique*[1]. Après avoir consommé ces 1 000 chargements, les prix décollent : une facturation de 7 dollars pour chaque millier de chargements supplémentaires est effectuée. « Un site qui affiche 10 000 cartes par jour passe donc de 0 à 1 764 $ par mois et pour ceux qui étaient proches de la limite gratuite de 25 000 cartes/jour cela leur sera désormais facturé 4 704 $ par mois », explique Christian Quest, porte-parole d'OpenStreetMap France[2].

Voice first, la recherche vocale

Fini le temps où taper deux mots signifie obtenir une importante liste de résultats imprécis. Aujourd'hui, on pose une question et le moteur de recherche nous répond précisément grâce à la recherche

1 http://urlz.fr/7yNe
2 http://openstreetmap.fr/

vocale. Les recherches conversationnelles, c'est-à-dire n'utilisant pas l'écran pour effectuer une requête, aussi appelées « *screenless* », bouleversent quelque peu nos habitudes. Elles deviennent de plus en plus courantes, nous le voyons avec l'utilisation qui en est faite dans les voitures, avec les smartphones ou encore avec les enceintes intelligentes qui s'apparentent de plus en plus à un certain type d'assistant personnel.

Les requêtes les plus formulées aujourd'hui s'intéressent :

- au local : « Où trouver un restaurant à proximité de là où je suis ? »
- à des requêtes d'action : « Quel est mon planning du jour ? »
- à des requêtes ayant trait aux loisirs : « Qui a gagné la Coupe du monde de foot 2018 ? »
- à des requêtes générales : « Quelle est la meilleure manière de se rendre à l'université de Stellenbosch en Afrique du Sud ? » (figure 5.4).

Figure 5.4 – Capture d'écran d'une requête effectuée sur smartphone, telle une question posée à un assistant

Les résultats des recherches vocales apportent souvent un seul résultat et non des pages de 10 résultats, tel que c'était le cas pour les requêtes saisies sur l'écran. On parle de « position zéro* », ou en anglais de « *feed snippet* », correspondant à la position située au-dessus de tous les autres résultats. Pour parvenir à ce Graal, le site doit être très bien structuré, avec l'utilisation de listes à puces, de contenu servant à introduire (un chapeau par exemple), un résumé et une synthèse du contenu, de sorte que la répétition des mots favorise le référencement.

L'essentiel

- Ainsi que nous l'avons vu, l'e-commerce sort des frontières du téléphone mobile pour s'installer petit à petit dans des enceintes intelligentes, transformant le « Mobile first » en « Voice first ».
- En facilitant les requêtes sur les moteurs de recherche, l'intelligence artificielle (IA) embarquée dans ces enceintes peut rendre plus ludiques les visites de sites Web marchands.
- La géolocalisation par le biais des LBS (*Location Based Services*) couplée à l'IA et au « Voice first », risque d'entraîner des sentiments toujours plus positifs à l'égard des marques qui les maîtriseront.

Chapitre 6

Conception de l'interface et création de valeur

Objectifs du chapitre

- **L'interface** comme seul moyen de convertir un simple visiteur en acheteur est indispensable à comprendre, que ce soit pour sa lisibilité ou pour les usages attendus à l'écran.
- **L'avis d'un expert en test A/B et personnalisation** est présenté, pour mieux comprendre les principes fondamentaux de la conversion.
- **Favoriser la lecture** pour accroître la mémorisation des pages Web du site marchand, grâce à la compréhension du fonctionnement des yeux du visiteur.

- **Le CRO (optimisation du taux de conversion)** aide les entreprises à améliorer leurs pages Web car il en dit long sur l'expérience vécue sur le site.
- **Une fiche sur les bonnes pratiques** à respecter en matière de conversion, pour passer à l'action.

De la couleur à la mise en page

Convertir le visiteur en consommateur

« Il ne faut jamais avoir peur de l'utopie… Quand on rêve seul, ce n'est encore qu'un rêve, quand on rêve à plusieurs, c'est déjà la réalité. »

Dom Helder Camara

La culture du consommateur et le respect de la vie privée jouent un rôle sur le cheminement pris pour effectuer des achats sur Internet ; aussi peut-il être nécessaire de comprendre comment concevoir l'interface au plus près des attentes du consommateur.

La facilité de création des sites Internet, marchands ou non, entraîne une grande créativité de la part des concepteurs. De façon fréquente, les sites affichent des pages difficiles à lire parce que le contraste entre le texte et le fond d'écran ne convient pas à l'internaute, ou encore parce que le bouton à cliquer sur l'écran du smartphone est si petit que toute l'expérience de navigation se trouve perturbée.

Le fait que le concepteur lise correctement les informations qu'il met en ligne et que le responsable de l'information ainsi diffusée opte pour une mise en page en accord avec ses choix lors de la conception du site, suffit dans la plupart des cas pour que celle-ci soit retenue lors de la phase finale de création de l'interface du site Web marchand. Or un jeune concepteur de sites marchands, responsable du choix des couleurs et des typographies, n'optera pas pour des teintes qui seront forcément en accord avec les goûts et surtout les facultés visuelles d'un internaute plus âgé, l'inverse est vrai. De plus, ces personnes sont souvent plus déficientes visuellement.

Un choix de typographies trop petites, associé à des couleurs aux contrastes trop ou pas assez élevés risque ainsi d'occasionner des désagréments voire un rejet du site. Si le lecteur de la page Internet ne peut pas lire correctement ce qui est affiché, il quitte le site ou ne retient pas ce qu'il lit plus ou moins péniblement. Les personnes qui ont plus de 45 ans et les personnes déficientes dans la reconnaissance des couleurs (daltoniens...) ont ainsi plus de difficultés à lire l'information présente sur des sites Internet affichés sur des écrans de plus ou moins bonne qualité. Elles lisent plus difficilement l'information affichée à l'écran et retiennent ainsi donc moins bien le contenu.

Chez l'homme, 90 % des informations sont transmises par la vue. Dans le monde de l'immobilier, l'acte d'achat est déterminé (et déterminant) dans les 90 premières secondes. Le coup de cœur est immédiat... ou n'est pas. Or la couleur s'impose comme un élément essentiel de l'interface d'un site Web. Son attrait visuel étant évalué en 50 ms (1/20e de seconde), les concepteurs de sites Web ont environ 50 ms pour faire une bonne première impression (Lindgaard et al., 2006). Le recours à des tests A/B* avant le lancement du site s'impose alors, permettant de savoir quelle structuration de page convient le mieux pour une expérience « totale » du consommateur.

Avis d'expert

HUBERT WASSNER, chief data scientist, AB Tasty, leader européen du logiciel de test A/B et personnalisation

LA PRATIQUE DU TEST A/B DANS L'E-COMMERCE

Avant de parler de test A/B dans l'e-commerce, parlons des spécificités de l'e-commerce qui en font un domaine d'application idéal pour la pratique du test A/B. Tout d'abord l'absence de vendeur laisse les visiteurs seuls dans leurs recherches. La diversité des sites et leur accès immédiat sont propices à l'abandon rapide lors d'une recherche infructueuse. Il est donc primordial pour ces sites d'avoir un retour d'information sur le comportement de leurs visiteurs. La pratique de l'« analytics* » (étude des logs du serveur) vise cet objectif. C'est une première étape vers la pratique du test A/B.

Le travail du commerçant est de bien connaître ses clients et d'adapter son discours de vente. Ce travail se transpose difficilement sur un site Web, car le site est statique, et qu'on ne sait presque rien sur les visiteurs d'un site Web. C'est précisément cela que le test A/B va permettre de changer…

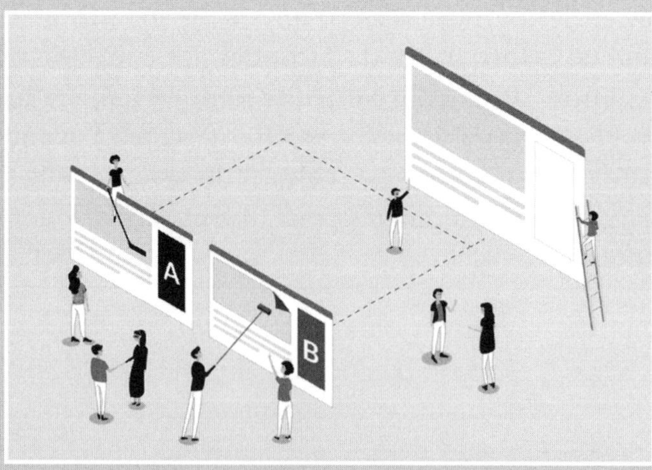

Figure 6.1 – La pratique du test A/B selon AB Tasty

• • •

• • •

Le principe du test A/B est de diviser le trafic d'un site Web en différentes « branches ». Chacune de ces branches verra alors un site différent. Typiquement, on divise en 2 branches A et B. Les visiteurs de la branche A verront le site original, ceux de la branche B verront une variante. La variation pourra porter sur l'organisation du format de la fiche produit, sur le design de la page d'accueil ou même de l'ensemble du site. Le comportement des visiteurs est alors enregistré. On peut ainsi faire une mesure objective de l'efficacité de chaque version du site face à un objectif (vente, mise au panier, nombre de produits vus). À la fin de la période de test, on peut prendre une décision quant à la version à conserver : il s'agit naturellement de la variation qui remplit le mieux l'objectif. Il est à noter que c'est aussi un moyen de mieux connaître les visiteurs/clients d'un site. Par exemple un test dont la variation B donne de moins bons résultats que la variation A permet de dire que les visiteurs n'ont pas apprécié la variation proposée. On cherchera alors dans un test ultérieur à créer une variation B très différente de la précédente.

L'objectif global est bien sûr de vendre le plus. On parle alors d'optimisation des « conversions » (convertir un visiteur en acheteur), l'acronyme le plus utilisé est CRO* (*Conversion Rate Optimization*).

Cette pratique a beaucoup d'avantages par rapport à des pratiques plus classiques comme les « tests utilisateurs » où l'on demande à des gens d'utiliser le site et de faire des commentaires. Cette approche déclarative a les défauts suivants :

- Les gens sollicités pour les tests utilisateurs ne sont pas de vrais clients, et ne sont pas dans le contexte d'une vraie utilisation. Ils ne représentent donc pas fidèlement le comportement de vrais utilisateurs. Les conclusions peuvent alors être erronées.
- L'approche déclarative comporte des biais. Dans certains cas les utilisateurs n'ont peut-être pas envie de partager réellement ce qu'ils pensent car le sujet peut être sensible, ou plus simplement les utilisateurs peuvent ne pas oser faire certaines critiques. Il se peut aussi que les utilisateurs ne soient pas totalement conscients de ce qui leur fait apprécier ou non le service.
- La taille des groupes est limitée pour des raisons de coûts et de logistique, leurs résultats sont donc rarement statistiquement significatifs.

Tous ces problèmes sont absents de l'approche du test A/B. Ce sont de vrais visiteurs du site qui sont testés,

• • •

• • •

les visiteurs ne savent pas qu'ils sont testés, et on peut facilement avoir suffisamment de visiteurs testés pour atteindre des chiffres statistiquement significatifs.
La pratique du test A/B n'est pas apparue avec le Web. Les médicaments sont évalués avec un principe très similaire, on parle d'« essais en double aveugle », où à la fois le médecin et le patient ignorent quel médicament (A ou B) a été administré (et souvent l'un des deux est un placebo). Pour le Web c'est pareil, la séparation entre les branches A et B est faite aléatoirement, le marketeur ne choisit pas la variation exposée, et le visiteur ne sait pas qu'il est testé.
Il est important de noter qu'un visiteur sera toujours affecté à la variation (A ou B) qui lui aura été attribuée lors de sa première visite, il n'a donc aucun moyen de se rendre compte qu'il a été testé.
Le test A/B va bien plus loin que son nom l'indique. En effet, on peut tester plus de deux variations simultanément, et le principe reste le même. Bien sûr cela divise le trafic disponible par autant de variations, et par là même cela augmente le temps nécessaire pour obtenir des chiffres statistiquement significatifs pour l'ensemble du test.
Le test MVT* (*Multivariate Testing*) est une approche permettant d'automatiser la génération des variations : on liste toutes les caractéristiques que l'on veut modifier sur le site et, pour chaque caractéristique, on liste les variantes possibles, un programme génère alors toutes les combinaisons possibles.
Au-delà de cette typologie technique, il existe aussi une typologie plus orientée « métier ». Voici quelques tests types permettant de la présenter :

- Les tests d'ergonomie, comme leur nom l'indique, visent à améliorer l'ergonomie du site. Il peut s'agir de réorganiser une page pour faciliter la lecture ou de modifier les éléments interactifs (formulaires, boutons, etc.).
- Les tests psychologiques, tels que les changements de « *wording** » (changement de formulation textuelle), les changements d'image d'illustration, de code couleur, etc.
- Les tests fonctionnels visent à évaluer des fonctionnalités du site, comme les moteurs de recherche sur sites, les outils de recommandations de produits (« ceux qui ont acheté ce produit ont aussi acheté celui-ci »), ou même les outils d'assistants comme les chatbots, permettant de dialoguer avec quelqu'un pour obtenir de l'aide. La plupart

• • •

• • •

du temps ces services sont effectués par des prestataires du site e-commerce, ils ont donc un coût. Il est naturel pour le commerçant de vouloir mesurer l'apport réel de ces services. Le test A/B permet de faire cela très facilement : la variation A est le site sans le service, la variation B est le site utilisant le service. Plus généralement le test A/B permet de tester l'intérêt des prestations de ce type et même de comparer plusieurs prestataires proposant des services de même type.

• Les tests « business » servent par exemple à tester différents prix. Cela se rapproche des techniques de « yield management* ». Schématiquement, augmenter un prix fera gagner plus d'argent par client, mais réduira peut-être aussi leur nombre. Inversement, baisser un prix réduit le bénéfice par client, mais augmentera peut-être le revenu total grâce à une augmentation du nombre de clients. On peut imaginer des théories justifiant toutes ces hypothèses, un test A/B permet de les confronter à la réalité.

Il est à noter que bien souvent les praticiens du test A/B apprécient le jugement objectif qu'il permet d'apporter sur les sujets sensibles du marketing et du business qui, sans cela, gaspillent beaucoup de temps et d'énergie avec les équipes marketing.

Le test A/B évolue, en particulier sur les méthodes statistiques qui s'adaptent aux besoins de la pratique en e-commerce. Un autre aspect de l'évolution de la pratique du test A/B est la personnalisation. L'idée de base est simple, elle suppose que tout le monde n'attend pas la même chose d'un site e-commerce. L'analyse des données d'un test peut montrer des comportements différents parmi des sous-populations. Quand un visiteur arrive sur un site Web, il est accompagné d'une petite quantité d'informations, comme sa géolocalisation, le type de système utilisé (Windows ou Apple), le type de navigateur (Chrome, Firefox...), le nombre de visites déjà effectuées sur ce site, etc. Ces informations peuvent permettre d'affiner la conclusion d'un test. Par exemple la variation A peut être plus efficace pour les visiteurs venant du nord de la France, et la B pour les visiteurs venant du sud. L'issue d'un test n'est alors plus la simple recommandation d'une variation, mais la découverte de conditions qui définissent quelle est la meilleure variation selon le type de visiteurs.

La quantité d'informations disponible, de base, pour un visiteur est faible, il s'agit typiquement

• • •

• • •

du nom du navigateur, du type d'appareil utilisé (ordinateur, tablette, smartphone) et du type d'OS (*Operating System* = système d'exploitation) utilisé, ainsi qu'une géolocalisation très approximative. Cela apporte assez peu d'informations mais il existe d'autres sources qui permettent une personnalisation bien plus poussée. La plus évidente est le CRM (*Customer Relationship Management*, ou gestion de la relation client) qui peut être connecté au logiciel de test A/B. L'historique client est alors disponible pour déclencher ou analyser les tests. Cela permet au site de s'adapter selon le profil de clients (nouveaux, anciens, petits ou gros acheteurs, etc.). Cependant sur Internet un visiteur sur deux (en moyenne) est totalement inconnu du site qu'il est en train de parcourir, alors comment s'y adapter ?

Pour pallier ce problème, il y a les DMP (*Data Management Platform* = plate-forme de gestion des données)*. Ces services peuvent être vus comme un outil de centralisation des données visiteurs. Ils permettent de fédérer au même endroit les informations de sites différents, ainsi il leur est possible de faire des déductions sur les centres d'intérêt des visiteurs, ou même d'en inférer le sexe, ou des catégories d'âges. Ces informations sont très utiles car elles permettent d'imaginer des scénarios de test et de personnalisation en fonction du profil supposé du visiteur. Il devient alors possible de faire de la personnalisation du site e-commerce, même si ce visiteur n'y est jamais allé auparavant. Il est quand même important de noter que ces informations sont de nature prédictive. Par exemple Sirdata[1] propose de rémunérer n'importe quel site Web en échange de l'installation d'un « tracker* », un morceau de code informatique qui permet de collecter des informations sur les visiteurs. En agrégeant ces données, Sirdata est en capacité de connaître au moins une partie des sites Web visités par un internaute. Cette information permet de faire des prédictions sur les appétences du visiteur ou même des éléments sociodémographiques. *Via* un autre tracker, Sirdata vend ces informations aux sites désirant obtenir de telles informations sur leurs visiteurs.

• • •

1 https://www.sirdata.com/home/

Plus surprenant encore, le service ZenWeShare[1] propose de prédire un type de profil psychologique en analysant les interactions entre le visiteur et le site (mouvement de souris, vitesse de défilement). Cela semble magique mais l'approche est extrêmement sérieuse, et nous avons pu identifier des prédictions très convaincantes. Par exemple, les profils prédits comme extravertis ou spontanés ont des taux de conversion presque trois fois plus importants que les autres types de profil sur des sites de mode. Dit autrement, cette information de profil permet d'améliorer considérablement la capacité à prédire si un visiteur va se transformer en acheteur ou non. L'e-commerce se passant de la présence physique d'un vendeur, on aurait pu croire qu'on y perdrait en connaissance client et en conseil personnalisé. La réalité est fort différente, la plus grande agilité d'un site Web, en comparaison avec un magasin physique, permet des stratégies de tests très poussées. Il en résulte une bonne connaissance client. La collecte de données, parfois critiquée, permet une « connaissance visiteur » probablement meilleure que ce qu'un vendeur est capable de faire dans un magasin physique.

La créativité permise par une facilité de construction des pages Web n'interdit pas l'application de règles permettant à tous de les lire « facilement ». Les concepteurs qui s'appuient sur des ouvrages dédiés aux « bons choix de couleurs » tombent bien souvent sur le même écueil : la diversité des propositions qui leur sont faites dans ces livres est à l'origine de la diversité des apparences colorées des sites marchands qu'il nous est donné de visiter.

L'interface du site

L'interface est à la fois espace d'action et espace de compréhension. Cet espace graphique englobe différentes modalités d'une exploitation possible. Le lecteur interprète à l'écran ces principes d'organisation graphique pour accéder à une certaine logique de l'acte de lecture

1 https://www.zenweshare.com/

et de mémorisation *in fine* (Plégat-Soutjis, 2004). Le concepteur doit suivre des guides lors de l'élaboration de la charte graphique qui se réfèrent à une norme définie par une observation des usages. Des auteurs tels que Jakob Nielsen[1] ou le consortium W3C[2] posent ainsi des règles sur le plan de l'ergonomie pouvant servir aux concepteurs de sites Web, que ce soit au niveau de la forme (harmonie des couleurs entre le texte et le fond de la page par exemple) ou du contenu (phrase d'un certain gabarit favorisant la lisibilité de celle-ci à l'écran). La stabilité de l'ergonomie de la page, lorsqu'il s'agit d'un site marchand qui communique à plusieurs personnes dont les comportements sont forcément différents, devient alors cruciale. Les gestes de navigation développés par les utilisateurs, qu'ils soient novices ou experts, ou leur intégration des fonctionnalités du système, leur gestion des modalités d'un apprentissage autonome, constituent autant de points sensibles qu'une conception rigoureuse de l'ergonomie permet d'anticiper.

De l'usage aux représentations et des représentations aux usages

Partant du postulat qu'une composition graphique est à même de modifier les représentations du shopping – notamment lorsque le média est sous-utilisé –, nous comprenons l'enjeu pour les entreprises de mettre en place une solution stable sur le plan graphique. La remise en cause d'un ensemble que l'internaute mémorise à chaque visite d'un site peut entraîner, si la nouvelle apparence ne séduit pas celui-ci, une désaffection ponctuelle ou totale du site dans son ensemble. Avant même d'identifier telle ou telle donnée sur le site, le navigateur reconnaît au site des propriétés telles que l'accessibilité ou l'inaccessibilité, la rapidité ou la lenteur, la dispersion ou la cohésion, etc.

Sur un site Web marchand, l'internaute doit prendre en considération une foule d'informations et autres paramètres comme la

1 http://urlz.fr/7yU7
2 https://www.w3.org/

place des différents signes à l'écran, l'environnement graphique, l'état du système, la métaphore à laquelle le signe fait référence. Tout le monde ne possède pas toutes ces clés de lecture, et les internautes doivent ainsi développer des pratiques permettant de faire fonctionner le dispositif, autrement dit, interagir correctement avec le site. Cette pratique utilise notamment des stratégies de repérage spatial associées à la mémorisation – et non pas à l'interprétation – des représentations graphiques présentes, fonctionnant davantage comme un quadrillage de l'écran que comme un langage d'icônes.

La lecture d'écran est une lecture très partielle focalisée principalement sur des zones de l'écran. Comme dans tout processus de lecture experte, la connaissance préalable de l'organisation textuelle (par exemple celle de l'écran du traitement de textes) amène les usagers à ne plus fixer leur attention que sur quelques indications, en dehors du champ visuel très restreint où se déroule la tâche en cours (Després-Lonnet, 2004). L'écrit d'écran comporte un ensemble de signes plus ou moins complexe, d'éléments graphiques, textuels, sonores, empruntant à des univers de références divers. C'est donc la multiplicité des strates en présence qui rend la compréhension d'une page plus ou moins difficile.

L'approche sémiotique permet de mieux interpréter l'interface selon la nationalité de l'internaute. Ainsi la couleur d'un produit (le design d'une page Web) peut fonctionner comme un signe iconique quand elle réfère à quelque chose d'autre avec une couleur similaire. Un index retient l'attention en existant réellement et non en étant similaire, tel que le signe iconique le fait. La barre de navigation d'un site peut être un exemple de cette fonction de la couleur.

Lire ou scanner des informations sur une page Web implique un coût cognitif qui peut être accentué par une bonne ou une mauvaise interface. Si celle-ci nécessite un effort de la part de l'internaute pour parvenir à déchiffrer une phrase qui lui paraît importante, ou s'il doit deviner sur quel bouton cliquer pour valider un choix par exemple, il risque de moins bien percevoir le site que si tout lui paraît accessible. Il a ainsi été démontré que la vitesse de lecture à l'écran était plus lente que sur papier, car cette lecture requiert plus d'investissements cognitifs. Ladwein (2000) parle du principe de prégnance pour caractériser la structuration nécessaire des informations sur une page Web, afin que le visiteur distingue rapidement et de manière aisée le principal de l'accessoire. Ce principe de prégnance revêt une importance considérable pour les sites d'e-commerce où l'annonceur souhaite que certaines informations ne puissent être évitées par l'internaute.

La construction d'une page Web

Le mouvement des yeux sur Internet

La mémorisation d'informations sur Internet s'appuie sur la recherche en psychologie cognitive et en Interaction Homme-Machine (IHM). Ces travaux sur les mouvements des yeux sont assez anciens, certains datent du début du XXe siècle. Ils sont devenus plus importants depuis les années quatre-vingt pour mieux rendre compte des traitements cognitifs. Avec le développement de la publicité sont apparues des techniques spécifiques telles que l'enregistrement oculométrique[1] servant notamment au champ de l'ergonomie cognitive. Cette technique permet de connaître les déplacements du regard ainsi que l'attention de l'utilisateur en vue de tracer le découpage temporel des opérations cognitives. La durée des fixations augmente en fonction de l'importance des éléments présents dans une scène visuelle grâce à la mise en place d'une expérience basée sur le *scanpath*[2]. Il semble que les internautes utilisent une stratégie d'inspection rapide des pages basée sur une lecture rapide en diagonale, au lieu de lire celles-ci dans la majorité des cas, Viviani (1990). Les mesures du *scanpath* pouvant être corrélées entre elles, elles informent sur la qualité de la prise d'information et sur les éléments du document qui ont attiré l'attention de l'utilisateur.

1 L'oculométrie (en anglais « *eye-tracking* » ou « *gaze-tracking* ») regroupe un ensemble de techniques permettant d'enregistrer les mouvements oculaires.

2 Le chemin suivi par les yeux du spectateur lors de la lecture d'un document ou de l'observation d'une scène.

Le texte

Le rôle de la mémoire est prépondérant dans le processus de lecture, en particulier sur un écran de téléphone car l'utilisateur peut être facilement distrait. La rétine qui transforme l'image qu'elle reçoit en image codée est à l'origine d'un message qui est transmis par les voies visuelles vers l'analyseur visuel de la région occipitale du cerveau. C'est à cette étape que le message codé géométrique (la forme perçue par l'œil) est transformé en message significatif (notre représentation de cette forme). Grâce à cet analyseur, les lettres que nous lisons, quel que soit leur corps, seront mémorisées par l'internaute comme une lettre déterminée de l'alphabet.

Les nouveaux signaux qui sont codés de manière nouvelle sont accumulés dans la mémoire à court terme, puis transmis à une sorte de comparateur (qui a pour rôle de superposer le message écrit en un temps très court) et à tous les souvenirs visuels qui peuvent permettre son identification et de comprendre sa signification, par exemple les métaphores qui nous permettent de comprendre certaines actions possibles (la loupe, le bouton de partage...). C'est durant cette étape que les associations d'idées seront possibles lorsque les archives de souvenirs seront « reconnues » par ces nouveaux messages. Une fois cette étape franchie, le message nerveux est riche en informations mais continue à être soumis à d'autres dispositifs de synthèse, des études opérationnelles, des choix, des décisions qui affecteront la conduite et le comportement du lecteur selon le contenu du message qu'il lit sur l'écran qu'il utilise.

La richesse d'information d'une page Web

L'augmentation du nombre de connexions sur Internet a permis de créer des sites au contenu toujours plus complexe nécessitant le recours à des moyens techniques de différenciation comme la maîtrise des fonds en couleur, des animations, des séquences vidéo, des séquences sonores, des éléments dynamiques tels que le curseur de la souris qui change d'état selon la zone survolée de l'écran... C'est ainsi que le contenu est conditionné par la forme, puisque les éléments que nous venons d'évoquer apportent une quantité d'informations supplémentaires à prendre en considération par l'internaute. Cette surcharge cognitive et informationnelle implique une concentration, des capacités d'attention, de perception, de compréhension et de mémorisation assez importantes, d'autant que cette évolution vers toujours plus de technicité ne semble pas avoir encore atteint ses limites.

L'une des premières impressions que les internautes peuvent ressentir en arrivant sur un site inconnu est celle d'une surcharge cognitive conjuguant des éléments de nature différente (graphiques, linguistiques et imagés) pouvant créer un sentiment de doute voire de crainte parfois. Les éléments visuels et sémantiques n'attirent pas le regard de l'utilisateur de la même façon, en partie parce que les couleurs utilisées n'attirent pas l'œil de la même manière si l'on se réfère à cette composante de l'interface par exemple. D'autres critères que la couleur doivent être pris en considération tels que la forme, la taille, la transparence, la vitesse d'apparition/disparition des publicités, la mobilité, la vitesse de déplacement quand il s'agit d'une animation, le type de son, le volume sonore, dans l'objectif de comprendre et de mesurer l'impact des composantes de l'atmosphère d'un site marchand.

Cette complexité des pages Web amène naturellement la majorité des concepteurs à trouver les manières de les rendre les plus lisibles et utilisables possible. Ainsi, l'insertion de lignes vides entre les paragraphes rend la lecture aisée et rapide. Une mauvaise visibilité peut entraîner un stress visuel. Les travaux sur la lisibilité ont par ailleurs montré que la lecture sur l'écran était 25 % plus lente que celle sur papier. Ce constat provient du fait qu'il y a 15 % de fixations en plus par ligne.

Ces résultats témoignent des progrès de la recherche en psychologie cognitive et en ergonomie sur le plan de la lecture des sites Internet, et permettent de se rendre compte du particularisme des comportements adoptés par les internautes. Ils peuvent nous aider à interpréter leur perception de l'écran, en mettant en place des outils tels que l'observation des utilisateurs. Ces tests sont utiles pour mesurer l'utilisabilité et l'ergonomie du site centrées sur l'utilisateur, mais ils comportent des failles (voir l'encadré de l'avis de l'expert Hubert Wassner p. 120 pour comprendre). Aucun ne permet cependant de connaître la charge informationnelle acquise lors de la visite, et nous ne savons donc pas ce qui est gardé en mémoire à des fins de réutilisation dans le cadre d'un achat par exemple, si nous postulons que la mémorisation compte effectivement parmi les antécédents du comportement du consommateur. Étant donné que cette information enregistrée dans la mémoire compte, il serait intéressant de savoir quelle information est mémorisée et en quelle quantité.

La lisibilité du texte

Un lecteur mémorise mieux que ce soit dans la mémoire à court terme comme dans la mémoire à long terme l'information quand le rédactionnel est bien lisible. Le stockage permanent dans la mémoire à long terme de mots constitue une sorte de dictionnaire contenant le vocabulaire du lecteur et divers codes tels que des règles de grammaire ou de syntaxe. Il convient donc à l'émetteur du message d'utiliser le même vocabulaire et les mêmes codes que le récepteur/lecteur pour adapter le rédactionnel à la cible. Étant donné que le lecteur enregistre les mots d'une phrase dans sa mémoire de travail ainsi que la largeur de celle-ci (l'empan de lecture[1] qui vient de l'empan, correspondant à une distance – figure 6.2), en vue de dégager un sens avant de transmettre celui-ci dans sa mémoire à long terme, les phrases courtes sont privilégiées dans le cadre d'une transmission de message souhaitée la plus efficace possible.

---

1 L'empan de lecture, « *reading span* » en anglais, correspond à la tâche de mémoire de travail élaborée par Daneman et Carpenter (1980), soit le nombre total de mots que le sujet est capable de se rappeler. On présente au sujet un nombre croissant de phrases et il reçoit pour consigne de juger si chaque phrase a un sens, tout en retenant le dernier mot de chaque phrase. Lorsque la dernière phrase d'une série a été présentée, le sujet doit rappeler les mots dans l'ordre. Cette tâche fait donc intervenir à la fois le stockage temporaire et une activité de traitement de l'information.

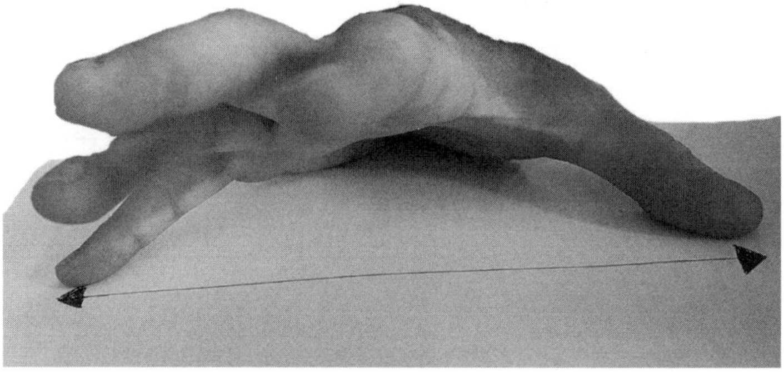

Figure 6.2 – L'empan est la distance entre le pouce et l'auriculaire lorsque ces derniers sont écartés, soit environ 20 cm

« La construction de la phrase freine ou accélère l'anticipation du lecteur, par conséquent les outils de subordination, l'enchaînement du sens, les thèmes liés au concret, à l'affectif, au vécu, l'usage de la métaphore activent cette anticipation » (Duplan et al., 2004).

Des entreprises se spécialisent donc dans une approche destinée à modifier l'apparence d'un site Web pour des raisons liées à l'amélioration de l'ergonomie, par exemple en vue d'une meilleure conversion. L'analyse du « parcours utilisateur », soit des déplacements effectués sur le site, analysés grâce aux cookies notamment (c'est le tracking évoqué dans le chapitre 8), ou à l'aide de cartes de chaleur (*heat maps**), permet d'identifier des leviers d'optimisation c'est-à-dire des conseils d'amélioration de l'UX (expérience utilisateur).

Aujourd'hui, grâce aux *heat maps* (cartes de chaleur), il est possible d'isoler en un clic un profil comportemental précis et d'étudier sa navigation de manière très poussée. Choisir d'observer la navigation des visiteurs arrivés *via* une landing page précise, ou bien encore les internautes qui viennent pour la première fois sur un site ou qui naviguent depuis un support mobile tel qu'une tablette ou un smartphone constitue une activité normale de cette analyse. En menant un audit statistique permettant de relever la performance du site Web, l'objectif des responsables de ce type d'étude est d'identifier les

« templates de pages » (modèles de pages) dont la contribution à la conversion e-commerce du site peut être optimisée.

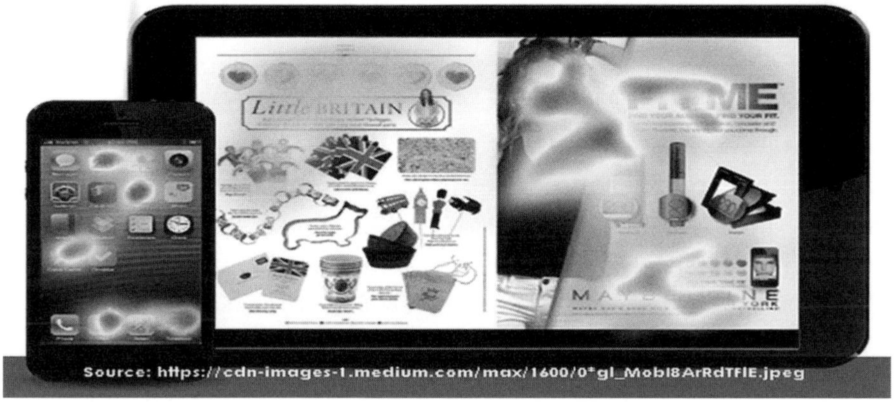

Figure 6.3 – *Heat map* (carte de chaleur) permettant de connaître les zones chaudes sur un écran de smartphone ou sur une tablette[1]

D'autres études peuvent être réalisées afin d'analyser en détail le comportement des visiteurs sur des pages précises du site, afin de réaliser un audit ergonomique, un audit statistique et des cartes de chaleur. Grâce aux enseignements issus de ces travaux, des hypothèses de résolutions peuvent être établies, comme la mise en place d'une navigation progressive et explicite, en favorisant par exemple les entrées vers les pages d'accueil des différentes catégories de produits plutôt que des entrées profondes vers les pages de listes de produits. Il est aussi possible de repenser à des intitulés d'appel à l'action, comme « cliquer ici » qui devient « cliquer ici pour accéder à la page d'inscription ». Il peut aussi être question de clarifier la structure d'une page en revoyant par exemple le fonctionnement du carrousel et en explicitant le contenu de chaque slide, si celui-ci est indispensable.

Cette simplification de la structure permet d'augmenter le nombre de clés d'entrée* par type d'entrées ou par template de page. Le parti pris du webdesigner peut par exemple être le suivant : plus vite

1 Source : http://goo.gl/NchWAz

l'utilisateur s'oriente vers son besoin précis, meilleure sera la conversion. En appliquant de tels changements, l'ergonome peut découvrir de nouvelles clés d'entrée et ainsi pousser les utilisateurs à découvrir la profondeur de l'offre du site de manière plus progressive. Il va ainsi pouvoir s'intéresser aux grandes catégories de produits dans un premier temps, puis aux sous catégories avant d'accéder aux listes de produits. Grâce à ce test entraînant des modifications, ce changement de paradigme de navigation permet parfois la remise en question d'une pratique jugée comme étant la meilleure. Elle ne s'avère en effet pas pertinente, consistant à dire que le nombre de clics pour atteindre un objectif n'est pas nécessairement corrélé à la conversion.

L'optimisation du taux de conversion : le CRO

La conférence « Conversion Summit : drive the future of digital interactions » organisée par AB Tasty le 19 juin 2018 à la Cité de la Mode et du Design à Paris, a été l'occasion de découvrir les meilleures pratiques concernant l'amélioration de la conversion des visiteurs en consommateurs, grâce à l'optimisation du taux de conversion (CRO). Un petit retour sur le CRO s'impose, pour un ouvrage sur l'e-commerce.

Qu'est-ce que le CRO ?

Avant de le définir, nous devons comprendre le terme « conversion ». Alors, qu'est-ce qu'une conversion ? La conversion se réfère simplement au processus par lequel un visiteur du site effectue une action. Ces termes peuvent varier en fonction de la nature du site. Par exemple, pour un site d'e-commerce, il pourrait se référer à un utilisateur Web qui achète un produit, ce qui le convertit en acheteur (« *lead* ») et non plus en simple visiteur (« *viewer* »).

Les conversions sont souvent divisées en deux catégories :

- Les conversions macro.
- Les conversions micro.

Comme son nom l'indique, les conversions macro sont les conversions principales d'un site, par exemple une vente ou un lead. Alors que les conversions micro se réfèrent à des actions plus petites qui pourraient éventuellement conduire à une macroconversion, par exemple le

• • •

téléchargement d'une ressource gratuite, le suivi d'un compte de médias sociaux, la lecture d'un blog, etc. Le CRO est donc l'amélioration des performances d'un site par augmentation des taux de conversion. Mais ce n'est pas aussi simple que de modifier quelques aspects du site. Afin d'adopter une stratégie d'optimisation réussie pour les conversions, plusieurs règles doivent être appliquées, ainsi, avant de commencer un programme de test, il faut d'abord décider de ce qu'il faut améliorer. Cette étape est impérative pour identifier les sources de perte de conversion et en déterminer les causes potentielles. Il est nécessaire de prendre le temps de travailler sur les sources d'acquisition afin d'attirer un trafic qualifié, mais aussi de mieux cibler les messages dans l'optique de mieux comprendre les utilisateurs et d'optimiser les taux de conversion.

Pourquoi le CRO est important ?

Le *Conversion Rate Optimization* est important car il a un impact direct sur le succès d'une entreprise. Il permet d'analyser différents aspects d'un site pour comprendre ce que font les utilisateurs et pourquoi. L'objectif est de transformer les visiteurs en lead en facilitant leur expérience, et ainsi optimiser les taux de conversion. L'optimisation du site peut aller de l'observation de la signature d'un mail à la création d'un compte sur le site en passant par le processus d'achat, etc. Lors de l'évaluation des taux de conversion, quelques étapes doivent être prises en considération :

- Identifier les obstacles.
- Attirer un trafic qualifié.
- Rendre les messages faciles à comprendre.
- Satisfaire les attentes des visiteurs avec une offre pertinente.
- Soigner les performances techniques.
- Aider les utilisateurs en leur facilitant les accès.
- Augmenter les taux de conversion avec un algorithme d'allocation de trafic dynamique.

Pour comprendre les étapes de la conversion, le site AB Tasty propose des solutions : http://urlz.fr/7zdi.

FICHE PRATIQUE

QUELQUES CONSEILS VALABLES QUEL QUE SOIT LE SITE WEB MARCHAND

Pas de carrousel

Pendant sa présentation durant la journée organisée par AB Tasty sur la conversion, Karl Gilis explique qu'il est inutile d'utiliser les carrousels, ces grandes images destinées à la diffusion d'un nouveau message toutes les secondes, sur une grande image ou sur un texte promotionnel, recouvrant souvent plus de la moitié de la page d'accueil du site.

Figure 6.4 – Capture d'écran d'un carrousel

Il n'est pas très intéressant d'utiliser le carrousel étant donné que les visiteurs/consommateurs de sites Web ne sont pas patients. Plus on offre d'options aux utilisateurs, plus ils prennent de temps à se décider, paralysés sur les choix qu'ils ont. La première slide entraîne un taux de clic intéressant mais pas les slides suivantes. Les tests A/B qui permettent de comparer deux versions d'un même site en opérant un petit changement sur chacune des deux ont permis de voir que les pages d'accueil intégrant un carrousel, c'est-à-dire des images dynamiques, entraînaient moins d'intentions qu'une page statique. En supprimant le carrousel et en le remplaçant par des images statiques, les résultats indiquent des clics en plus, donc des ventes qui augmentent de façon assez spectaculaire.

• • •

Pas de titres énormes ou de logos trop gros

En imaginant que l'utilisateur d'un site Web va faire défiler la page vers le bas, les annonceurs, les webdesigners et autres professionnels de sites Web passent peut-être à côté de clients potentiels. En effet, bien que cette possibilité leur soit offerte de faire défiler vers le bas, plus l'information est affichée dans la partie supérieure du site, aussi appelée « *viewport** », mieux c'est. En n'obligeant pas les utilisateurs à faire défiler vers le bas, ces derniers peuvent savoir de quoi parle le site, ce qu'il y a à vendre et donc être intéressés par un éventuel achat. L'énergie nécessaire pour faire défiler la page d'un site Web mérite d'être préservée le plus possible pour obtenir davantage d'engagement. Il est plus simple de dire ce qui est offert sur le site dès le premier coup d'œil que de devoir séduire les visiteurs pour qu'il fasse défiler la page du site vers le bas à la rencontre d'un éventuel produit ou service susceptible de les intéresser. Cet emplacement privilégié qu'est le haut du site Web n'a pas vocation à promouvoir la marque. Ainsi, une page qui vend des cannes à pêche et qui ne met pas en avant le produit de manière assez compréhensible risque de repousser un peu plus vers le bas de la page un contenu utile à l'utilisateur. L'objectif d'une landing page consiste à encourager les visiteurs à interagir avec elle. Elle peut donc inciter ces derniers à s'inscrire à une newsletter, à demander à être cité ou recommandé, à trouver un magasin à proximité ou à calculer le prix d'un produit ou d'un service. Elle peut aussi faire la présentation d'un produit ou d'un service par le biais de photos ou vidéos. C'est pourquoi un gros bouton qui lie la landing page à un formulaire d'enregistrement, à une offre, à un emplacement de magasin ou à un simulateur de prix n'est peut-être pas la meilleure idée. Il est préférable d'intégrer immédiatement les premiers pas d'un formulaire d'enregistrement sur la page si celle-ci ne contient qu'un ou deux champs : c'est la meilleure manière d'inciter les visiteurs à rejoindre la marque. Des champs à compléter mis en avant sur une page sont plus susceptibles d'attirer l'attention qu'un seul bouton : les gens sont plus dans l'action et ainsi encouragés à saisir du texte plutôt qu'à cliquer sur un bouton. Le principe du coup de pied dans la porte est ici mis en avant.

Le message accompagnateur

Un bouton d'action est souvent utilisé pour une confirmation d'action. Or ce bouton laisse le visiteur pantois et hésitant à cliquer dessus pour passer une commande, pour souscrire à un abonnement et même à une newsletter. En écrivant un petit message rassurant à proximité de

• • •

ce bouton d'action, le site aide l'utilisateur à surpasser cette hésitation. Les tests A/B permettent de comprendre l'intérêt de ce texte rassurant à côté du bouton d'action, notamment en indiquant des frais de port gratuits, que le visiteur a effectué le meilleur choix au meilleur prix ou encore qu'il obtiendra une confirmation instantanément après son clic. Dès lors qu'un champ de texte est incorporé au sein d'une page, il encourage les visiteurs à interagir avec cette page. Mais pour que la transformation du visiteur en consommateur soit optimale, il est préférable de justifier la raison d'être de ce formulaire. Un petit texte destiné à rassurer le visiteur de son intérêt à remplir un formulaire a pour objectif de lever ses dernières éventuelles hésitations. En effet, le formulaire correspond bien souvent à la toute dernière étape du processus d'achat d'un produit en ligne, c'est le moment de vérité en somme. Par conséquent, après avoir convaincu le visiteur de l'intérêt d'acheter un produit ou un service, il est préférable de lever les derniers doutes qu'il est susceptible d'avoir en expliquant clairement au visiteur l'intérêt de remplir ces champs de texte, et de justifier ainsi l'intérêt de donner son numéro de téléphone ou son adresse e-mail par exemple. De la même manière, il est possible d'obtenir plus de transformation lorsqu'une carte permettant de localiser un vendeur ou un magasin est disponible dans la partie visible du site. Une fois encore, les visiteurs sont encouragés à interagir avec le site en cherchant un revendeur à proximité de leur emplacement.

Donner des instructions claires aux utilisateurs

Un des principes fondateurs de l'utilisabilité consiste à offrir aux utilisateurs des contenus clairs et faciles à utiliser. Le respect des normes du W3C[1] contribue à faciliter la compréhension du contenu affiché sur une page. Ainsi les couleurs contrastées entre l'avant et l'arrière-plan, des titres à la bonne taille permettant de différencier les titres importants des titres moins importants, des fontes faciles à lire, des interlignes suffisamment espacées, l'utilisation d'indicateurs paralinguistiques (ou connecteurs), c'est-à-dire des changements de paragraphes, des puces, des puces ordonnées sous la forme de numéros, des listes, l'utilisation du retour vidéo pour afficher une couleur derrière un texte au-dessus d'une page, contribue à rendre le contenu affiché sur une page Web plus facile à prendre en main.

• • •

1 http://urlz.fr/7zdP

Listes ordonnées/désordonnées

Le texte sur les pages Web est souvent écrit avec des phrases complètes, ce qui le rend facile à écrire mais pas si facile à lire, d'où le recours aux listes plus pratiques et visuelles. Elles sont faciles à scanner et surtout plus faciles à lire. Les listes avec numéros donnent un ordre grâce auquel la comparaison peut être facilitée. Mais les puces sont aussi là pour indiquer un certain nombre de critères et ainsi accroître la vitesse de lecture sur la page Web. Les listes avec puces ou avec numéros correspondent aux indicateurs paralinguistiques les plus faciles à mettre en place étant donné que le saut de paragraphe correspond à un changement d'idée. Le recours à ces métaphores que sont les puces ou les numéros montre ainsi très bien ce changement d'idée en question.

De même, la couleur des liens telle que le W3C l'a proposé avec un texte bleu souligné dans son aspect normal (état par défaut), non souligné lorsqu'il est survolé par la souris (état survolé), rouge lorsqu'il est en cours de clic (état d'un élément qui a reçu « l'attention », par exemple un lien lorsqu'on y accède grâce au clavier, ou un champ texte d'un formulaire lorsqu'on clique dedans), et violet une fois qu'il a été cliqué (état cliqué), contribue à renforcer la prise en main pour les utilisateurs d'une page Web.

Toutes ces aides à la navigation et à la prise en main du contenu jouent en faveur d'une meilleure atteinte des objectifs côté utilisateur, ainsi l'utilisation de liens faciles à repérer pour obtenir des détails sur un produit ou service entraîne plus de transformation vers ces pages de détails lorsqu'ils sont proposés aux visiteurs.

Faciliter la prise de décision

Une page affichant une série de produits ou services similaires doit être facile à prendre en main car les visiteurs ne cherchent pas à cliquer sur toutes les photos ou tous les liens afin d'obtenir des détails pour revenir ensuite en arrière entre les pages. Au contraire, ils préfèrent cliquer après avoir trouvé rapidement ce qu'ils cherchaient afin d'être capables de voir les produits, les services qui les intéressent en fonction de leurs critères. Le tout consiste à donner suffisamment d'informations dès le premier coup d'œil afin de favoriser la prise de décision. Pour cela l'utilisation du JavaScript* permettant l'affichage lorsque la souris survole un lien textuel ou image d'une information précise, confère un plus au site Web qui l'utilise. Cependant, tous les navigateurs ne permettent

pas l'affichage d'éléments codés en JavaScript sur les téléphones ou les tablettes. La prise en compte des possibilités offertes par ce langage de programmation est indispensable en cours de conception. Une liste des principales décisions prise par les utilisateurs sur le site Web va donc contribuer à savoir ce qui doit apparaître de manière logique et prioritaire et ce qui peut apparaître après survol, ou clic, sur un lien.
Les outils d'analytics indiquant quel consommateur visite de préférence telle page ou quel consommateur clique souvent sur tel lien, va permettre d'organiser les pages d'une manière plus logique et rationnelle entraînant un meilleur engagement voire une plus grande transformation. En affichant sur une page des contenus similaires, l'utilisateur peut faire sa propre comparaison d'un simple coup d'œil. Par exemple en indiquant le détail du prix, des frais de port, des quantités sur 3 lignes distinctes sur la même page, le visiteur peut se faire rapidement une idée du produit qui lui convient le mieux. L'inverse est vrai également. En pensant que l'utilisateur va interpréter que la première ligne concerne le prix, que la deuxième ligne concerne la livraison et la troisième ligne la quantité pour un produit donné, et que cette liste sera désordonnée pour un autre produit donné, la marque risque de faire fausse route en rendant le contenu de la page difficile à prendre en main, augmentant ainsi l'effort cognitif nécessaire pour que l'utilisateur soit satisfait. Plus l'utilisateur ira vite en comparant des critères rapidement identifiables et plus ce dernier risque de devenir fidèle à une marque qui l'aide à gagner du temps. Le temps et la facilité d'utilisation sont en effet les variables clés du e-commerce, nécessaires à l'établissement d'un climat de confiance entre visiteurs, consommateurs et marques.

Répéter le bouton d'appel à l'action à la fin de la page

Beaucoup de sites Web affichent des boutons d'action situés trop haut sur une page, or l'envie d'acquérir un produit ou un service naît bien souvent du défilement de la page, et de la lecture de textes, du visionnage de vidéos ou de l'analyse d'images. En encourageant les visiteurs à appuyer sur un bouton de manière répétée en bas de page par exemple, la capacité de ce dernier à consommer croît inévitablement. Une fois encore, des tests A/B indiquent plus de conversion lorsqu'un bouton est répété au bas d'une page d'un site Web.

L'essentiel

- Ainsi que nous l'avons vu, l'interface d'un site d'e-commerce à un objectif principal : convertir un visiteur en consommateur. Le recours au test A/B peut devenir crucial pour prévenir les appétences du visiteur.
- La lecture d'écran permet d'optimiser le mouvement des yeux et d'accroître le potentiel et la richesse d'informations d'une page Web.
- Le CRO (*Conversion Rate Optimization*) devient LA clé de succès favorisant l'optimisation de la conception de l'interface du site d'e-commerce.

Partie 3

Gérer l'e-commerce

- Dans cette partie, le site Web marchand réalisé doit maintenant générer du trafic, et qualifié si possible, d'où le recours à certaines pratiques mobilisant le référencement (SEO), les influenceurs sur les réseaux sociaux. L'objectif consiste à préserver la facilité d'utilisation du site, de l'app ou de la Progressive Web App (PWA) (chapitre 7).
- Pour parvenir à monter en puissance (de ventes), le site d'e-commerce peut être complété d'outils d'analyse qui, à partir d'indicateurs, contribuent à renforcer la stratégie initiée en amont (chapitre 8).
- Finalement, cette montée en puissance du site peut commencer par une utilisation judicieuse du marché local, facilitée par le smartphone connecté au GPS et par l'introduction d'objets connectés destinés à rapprocher producteurs et consommateurs, dans une logique d'économie collaborative (chapitre 9).

Chapitre 7

Créer du trafic vers le site

Objectifs du chapitre

- **Les réseaux sociaux** servent à transmettre une information au contenu utilisateur « vrai » qui est apprécié des moteurs de recherche pour un meilleur référencement.
- **Un point sur le référencement** (SEO) naturel pour comprendre l'imbrication avec les réseaux sociaux.
- **Le SEO vu sous l'œil d'un expert,** pour les marques cherchant à communiquer à l'international.
- **Les influenceurs,** qui sont-ils ? Ce chapitre permet de mieux comprendre leur rôle dans le référencement de contenu au sein des réseaux sociaux, conduisant à davantage de trafic voire d'engagement. Le tout étant de comprendre l'importance des émotions dans ce triptyque.
- **La conclusion du chapitre** s'effectue par la présentation de la Progressive Web App (PWA), compromis entre la facilité d'utilisation de l'application et la mise à jour facile des sites Web.

Des vecteurs pour augmenter la notoriété et l'image du site

« L'espoir est comme l'élastique. Plus t'y crois, plus le temps allonge l'espérance afin de toujours y croire, d'en vivre de l'espoir… »

Descrea

Une étude récente sur l'expérience client mise en place par Bazaarvoice[1] souligne le rôle clé des contenus visuels (photos, vidéos) générés par les consommateurs sur les réseaux sociaux pour les sites Web marchands, révélant que les sites e-commerce clients les plus performants constataient une augmentation de 111 % de leur taux de conversion et de 180 % de leur chiffre d'affaires par visiteur lorsque les acheteurs interagissent avec des photos et vidéos issues des réseaux sociaux, générées par d'autres consommateurs (2018)[2].

Quelques pratiques à mettre en place pour améliorer le positionnement dans les moteurs de recherche d'Internet

Une manière de faire de la publicité côté utilisateurs consiste à diffuser un lien, une image, un contenu vidéo dans une discussion sur un réseau social. C'est d'autant plus vrai qu'ils interagissent sur supports mobiles tels que smartphones et tablettes, ce qui facilite les démarches. Pour les marques et distributeurs, l'objectif consiste à offrir aux consommateurs une expérience d'achat à la fois fluide et informative, et à leur donner la confiance dont ils ont besoin pour passer à l'achat. Pour cela, ces acteurs connectent consommateurs, marques et distributeurs. Quand les marques et distributeurs leur fournissent une expérience qui leur convient, les consommateurs

1 Bazaarvoice aide les marques et les distributeurs à identifier leurs consommateurs.

2 Bazaarvoice a effectué un sondage en ligne en janvier 2018 auprès de 2 020 consommateurs répartis uniformément entre les États-Unis, le Royaume-Uni, la France et l'Allemagne.

achètent plus et plus souvent. À mesure que les organisations se virtualisent, quelques-unes ont déjà pris en considération le potentiel des réseaux sociaux dont l'objet consiste à créer du lien social, l'Interaction Homme-Machine s'améliore et elles font ainsi plus d'affaires grâce au commerce électronique.

La réduction supposée des coûts de recherche pour les consommateurs, la réduction des coûts de catalogage et de transaction pour les producteurs et les distributeurs, mais aussi la perspective d'un meilleur appariement de l'offre et de la demande (*matching**), facilitent le développement de la vente en ligne et de la distribution de gammes de produits très spécialisés et de plus en plus diversifiés. L'effet dit de *long tail* ou de *longue traîne*, qui consiste à écouler des produits de niche plutôt qu'à se focaliser sur les produits vendeurs, est d'autant plus possible que les réseaux sociaux propagent une information sur un produit rare ou qui n'est plus distribué. La longue traîne résulte de l'effet produit par l'avènement du numérique sur la structure des ventes et il est avéré que les réseaux sociaux contribuent à l'écoulement de produits tangibles en plus des produits numériques. Les réseaux sociaux sont donc de plus en plus utilisés comme moyens de véhiculer une information de type promotionnelle à des niches. En cela, ils bousculent l'économie, déstabilisant de fait le segment de la distribution. Ce « *Web Social* » contribue par ailleurs à ce que les entreprises influencent positivement les opinions et les comportements des consommateurs.

Les réseaux sociaux présentent un tel changement dans l'organisation de la société qu'il est difficile de ne pas s'y intéresser ; la visite de réseaux sociaux est maintenant la principale activité sur Internet – derrière les e-mails personnels, la recherche sur Internet, la visite des portails et le téléchargement de programmes pour ordinateurs d'après *Le Monde* (2016)[1] ; le temps passé sur les réseaux sociaux croît plus rapidement que celui passé sur Internet en général, comptant pour presque 10 % du temps passé sur Internet

1 *Le Monde* (2016). « Les réseaux sociaux prennent une place croissante dans l'accès à l'information », publié le 12/07/2016, extrait d'Internet le 20/06/2018 à http://urlz.fr/7zg4

en 2009 (Nielsen, 2009)[1]. Concernant les Millenials (nés entre 1980 et 2000), les résultats d'une étude conduite par Ipsos montrent qu'en 2017, les enfants âgés de 1 à 6 ans passaient en moyenne 4 heures et 37 minutes sur Internet par semaine, soit plus de deux fois la durée d'utilisation d'Internet de ce même groupe d'âge en 2012 (Statista, 2018)[2] (figure 7.1). Les réseaux sociaux sont devenus de nouveaux supports de communication hors médias qualitatifs étant donné le ciblage affiné qu'ils permettent. Les récents émois de Facebook avec l'affaire Cambridge Analytica (*Siècle Digital*, 2018)[3] mettant à l'honneur la psychométrie en témoignent.

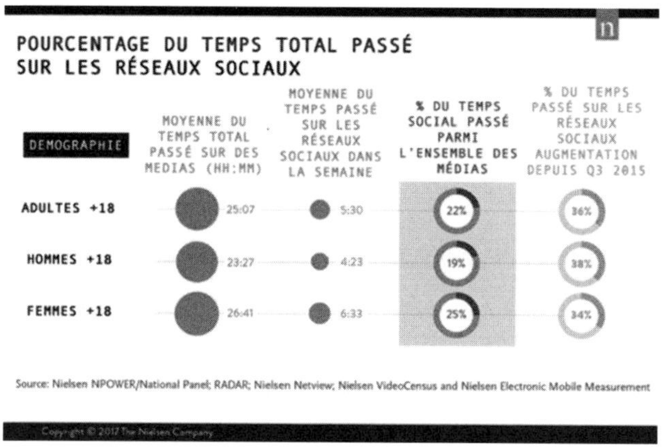

Figure 7.1 – Temps total passé sur les réseaux sociaux[4]

L'une des caractéristiques principales du Web 2.0 repose sur la facilité à générer du contenu côté utilisateur. Les applications basées sur Internet appelées « *widgets* » ou « *API* » pour *Application Programing*

---

1 Nielsen (2009), « Global Faces and Networked Places », mars 2009, A Nielsen report on Social.

2 Statista (2018), « Durée hebdomadaire d'utilisation d'Internet des personnes âgées de 1 à 19 ans en France en 2012 et 2017 (en heures et minutes) », extrait d'Internet le 20/06/2017 à http://urlz.fr/7zgQ

3 *Siècle Digital* (2018), « Cambridge Analytica : tout comprendre sur la plus grande crise de l'histoire de Facebook », publié le 23 mars 2018, extrait d'Internet le 20/06/2018 à http://urlz.fr/7zgY

4 Source : NIELSEN – http://urlz.fr/7zh8

Interface[1], ou « *SDK* » pour *Software Development Kit*[2] s'appuient sur les fondements idéologiques et technologiques du Web 2.0. En cela, elles permettent la création et l'échange de contenu généré par l'utilisateur (UGC – *User Generated Content*). Ceci contribue à la diffusion d'une information de manière facile et rapide. De même que les wikis permettent aux clients de mettre du contenu en ligne rapidement, facilement et de manière sécurisée afin de partager des idées avec d'autres consommateurs d'une communauté donnée, les réseaux sociaux favorisent aussi ce partage par la mise à disposition de technologies proposant un langage d'interaction simple, nécessitant peu ou pas de programmation grâce à l'utilisation de codes simples ou d'un traitement de texte tel qu'un éditeur de texte au lieu de code HTML. Le contenu est alors visible immédiatement après avoir été posté. Pour être bien partagé, ce contenu doit être utile à l'utilisateur du réseau social, et il peut dans ce cas être encore mieux référencé par les moteurs de recherche. En effet, malgré l'importance des réseaux sociaux, des vidéos et autres applications dans le panorama des pages Web que nous visitons quotidiennement, la recherche permettant de découvrir des contenus, avec Google en tête de ligne, demeure un canal principal indispensable à maîtriser pour l'e-commerce.

Le référencement naturel

De nombreux outils, beaucoup d'aspects techniques à surmonter ainsi que des connotations sémantiques et algorithmiques font du SEO (*Search Engine Optimization*) une discipline à part entière. Étant donné la suprématie de Google en France comme premier moteur de recherche utilisé, les marketeurs qui travaillent au référencement naturel d'un site Web

• • •

1 Interface de Programmation d'Applications ou SDK (voir note suivante), regroupe un ensemble de fonctions, procédures ou classes mises à disposition des programmes informatiques par une bibliothèque logicielle, un système d'exploitation ou un service.

2 Kit de développement logiciel, outils logiciels destinés aux développeurs, facilitant le développement d'un logiciel sur une plate-forme donnée.

• • •

peuvent respecter les consignes de Google, on parle de technique « *White Hat* », ou ne pas les respecter, on parle alors de technique « *Black Hat* ».

- Avec la technique *White Hat*, Google cherche à faire des sites Web qui pensent à l'internaute avant de penser au référencement du site.
- Avec la technique *Black Hat*, les sites Web sont d'abord conçus pour s'adresser aux robots et aux algorithmes des moteurs de recherche, dans une logique de référencement forcé.

Google distribue des pénalités en fonction du non-respect de ces consignes. Or le comportement des utilisateurs a changé, privilégiant la recherche vocale ou les « requêtes conversationnelles », ce qui signifie que le moteur comprend l'objectif de l'internaute ainsi que la signification contextuelle des termes, avec le moteur de recherche. Google va interpréter les mots d'une meilleure manière, permettant d'offrir des réponses avec des résultats plus pertinents. L'utilisation des mobiles et des tablettes, dépassant celle de l'ordinateur, en est la cause principale.

Parallèlement, les résultats des moteurs de recherche s'accroissent avec des variations dans les algorithmes du premier moteur utilisé, Google, destinées à améliorer l'expérience des utilisateurs. Une expérience utilisateur peut être mise à mal par des techniques telles que le bourrage de mots-clés* ou la réduction de liens pointant vers les sites, ou encore de sites utilisant des techniques non recommandées par Google, toujours liées au nombre excessif de mots-clés, de liens ou de publicités.

Le référencement est principalement lié au volume et à la richesse des contenus, c'est-à-dire aux titres et autres textes du site, au renseignement par le biais de balises* des images contenus au sein des pages. Par ailleurs, les bugs éventuels doivent être corrigés et les liens pointant vers le site ou issus du site doivent être conservés entre les différentes versions de celui-ci, que ce soit le site pour mobile, le site pour ordinateur ou le site responsive qui s'affiche quel que soit le type d'écran.

Crawl, indexation et ranking sont les leviers de croissance du SEO

Le « crawl » consiste à améliorer le temps de réponse permettant à GoogleBot de *crawler* (explorer automatiquement) des millions de pages en un temps record, ce qui garantit la pertinence du crawl et donne ainsi la capacité à chaque page d'être indexée et positionnée dans le moteur de recherche.

• • •

• • •

Augmenter la présence dans les SERP (*Search Engine Result Page*[1]) est un défi majeur pour un site Web marchand qui cherche à obtenir un bon référencement. Pour cela, l'utilisation de l'analyse prédictive grâce au big data permet de renforcer les actions en SEO. En effet, la quantité de données agglutinées chaque jour dans les serveurs permet l'étude des comportements de crawl ainsi que des signaux historiques d'un mot-clé important (*top keyword*). Partant de cela, les mathématiciens des marques obtiennent grâce aux technologies du big data des modèles prédictifs leur permettant d'extrapoler vers une stratégie SEO toujours plus efficace. L'application de la prédiction de comportement au SEO représente un succès pour les entreprises qui s'y mettent de manière professionnelle. L'accroissement du trafic est notable, la visibilité SEO accrue, le nombre de pages indexées augmente tout comme le nombre de mots-clés.

Enrichir le contenu et le structurer de la même façon, quel que soit le support

Un contenu enrichi avec des textes au format long ou des images, photos et vidéos contenant les descriptions nécessaires – c'est-à-dire en lien avec les mots-clés du site –, sera mieux référencé et gagnera au niveau de son facteur d'impact*, optimisant la qualité de la recherche grâce à des évaluateurs de qualité (*Search Quality Raters**) du site. Mais en s'intéressant au phénomène de la recherche vocale, il est facile de comprendre que l'utilisation de mots faciles à prononcer dans le code, le texte et les descriptions de contenu riche évoquées facilitera d'autant plus le « *speech quality* » (qualité de la parole), c'est-à-dire « l'impact factor de la recherche vocale ». L'élocution doit être impeccable lorsque le texte affiché sur le site est saisi. Les mots-clés situés sur les pages Web du site doivent être bien écrits, avec un vocabulaire facilitant un « taux d'élocution » exemplaire, afin que l'assistant virtuel ne souffre pas trop à fournir des résultats.

Afin d'être bien référencé, le site Web qui va s'afficher sur le support mobile doit donc profiter des « *backlinks* » ou du « *link building* », c'est-à-dire de liens qui pointent vers le site. Si la stratégie de la marque souhaitant s'implanter sur mobile consiste à créer un nouveau site, à ce moment-là, tout le bénéfice du référencement occasionné par les *backlinks* ou par le *link building* sur le site Web pour ordinateur est

• • •

1 SERP = page de résultats du moteur de recherche.

• • •

perdu, au détriment d'un nouveau site mobile, et donc d'une nouvelle technique de développement, si le site Web a été préparé comme un site Web responsive. En conservant exactement les liens de la version ordinateur à la version mobile, à ce moment-là, le bénéfice du référencement créé grâce aux liens pointant vers le site Web pour ordinateur est conservé pour la version mobile.

Les mots-clés ne suffisent pas à bien référencer

Nous le voyons, les mots-clés ne suffisent pas pour atteindre des objectifs de référencement. La stratégie doit évoluer afin que les mots-clés deviennent des rubriques liées les unes aux autres, censées faire remonter les pages principales dans les résultats du moteur de recherche. Cette démarche nécessite le regroupement de mots par thématiques, l'intégration de requêtes conversationnelles utilisées par la cible, un gros travail de sémantique où les synonymes qui sont maintenant interprétés et découverts par Google – notamment depuis l'arrivée de RankBrain[1], un algorithme de *machine learning* –, sont mis au service d'une stratégie de contenu basée sur la connaissance des besoins des utilisateurs.

Un outil pour améliorer le référencement : Lighthouse

Afin d'être sûr que le site mobile soit bien référencé et puisse fonctionner correctement quel que soit le support, l'extension Lighthouse de Google Chrome permet d'analyser en profondeur les optimisations possibles sur le site et peut aider à rechercher les anomalies éventuelles pour améliorer le référencement.

• • •

1 RankBrain est un programme d'IA (intelligence artificielle) conçu pour aider Google à comprendre les requêtes de recherche. Il aide Google à traiter les résultats de recherche et à fournir des résultats de recherche plus pertinents pour les utilisateurs. Il incorpore un large éventail de langages écrits en entités mathématiques, nommés vecteurs, que la machine peut comprendre. Si RankBrain fait face à une phrase qu'il ne connaît pas, il peut deviner le sens avec des phrases ou des mots similaires et filtrer le résultat en conséquence, le rendant plus précis pour les nouveaux essais. Plutôt que d'être préprogrammé pour répondre à des situations données de manière prédéterminée (comme la recherche sur Google l'a été jusqu'à présent), il peut se mettre à jour au fil du temps. Comme un robot qui peut s'améliorer constamment plutôt que de compter sur un humain extérieur pour une maintenance occasionnelle. Alors que les ingénieurs de recherche de Google ont correctement deviné 70 % du temps, RankBrain a eu un taux de réussite de 80 %. Dans l'ensemble, RankBrain est capable d'apprendre et de reconnaître de nouveaux modèles, puis de réviser la SERP (page de résultats du moteur de recherche) en fonction de ses nouvelles connaissances.

• • •

Astuce pour le référencement des sites pour tablettes

Notons que les tablettes ne sont pas considérées comme des supports mobiles par Google, par conséquent lors de la conception d'un site Web qui sera dédié à l'affichage sur tablettes, il est important de vérifier que la version mobile/responsive du site contienne exactement les mêmes informations que le site devant être affiché sur ordinateurs. Les contenus qui se présentent grâce à des actions JavaScript sous la forme d'accordéons par exemple, sont autorisés. Par conséquent ils jouent en faveur du référencement.

Avis d'expert

PHILIPPE YONNET, directeur général, Search Foresight

LE RÉFÉRENCEMENT DES SITES WEB INTERNATIONAUX

Internet permet aux entreprises d'avoir une vitrine dans le monde entier, encore faut-il que cette vitrine soit conçue pour s'adapter aux contraintes de chaque pays. Et c'est vrai aussi pour le référencement dans les moteurs de recherche.

Pour les pays européens, où Google est ultradominant, il est important d'indiquer dans quelle version de Google votre contenu doit s'afficher. Pour cela il est fortement recommandé d'insérer dans le code de votre page des balises hreflang qui permettront à Google de savoir à quel pays est destiné un contenu pour le présenter parmi les résultats filtrés selon la langue de la page.

Vous trouverez des explications détaillées sur cette balise dans les pages de Google destinées aux webmasters* : http://urlz.fr/7zhU.

Il existe aussi des pays dans lesquels d'autres moteurs que Google captent une part importante des recherches : Bing aux États-Unis, Naver en Corée du Sud, Baïdu en Chine ou Yandex en Russie. Si ces moteurs s'appuient sur les mêmes principes de fonctionnement, ils sont différents sur de nombreux aspects et il faudra vous appuyer sur des experts de ces moteurs pour

• • •

• • •

vous assurer d'être visible sur ces marchés.

Pour un site international, le choix du domaine et de la structure des URLs est important. Si vous avez choisi un domaine en .com, la logique est d'utiliser un sous-domaine ou un répertoire* pour indiquer le pays auquel s'adressent les pages de contenu, et ensuite dans quelle langue. Si vous avez choisi un domaine* en .fr ou .de ou en .co.uk (les « ccTLD* », c'est-à-dire les domaines dont l'extension est un code pays) alors vous pourrez utiliser un sous-répertoire ou un sous-domaine* pour vos contenus traduits dans d'autres langues.

Ces exemples sont recommandés :

• https://fr.mondomaine.com (sous-domaine pays)
• https://be.mondaine.com/vl/ (sous-domaine pays, répertoire langue)
• https://www.mondomaine.ch/fr/ (ccTLD, sous-répertoire langue)
• https://fr.mondomaine.ch (ccTLD, sous-répertoire langue)

Par contre ces exemples ne sont pas conseillés :

• https://www.mondomaine.fr/article.html?lang=fr (langue en paramètre)
• https://vl.mondaine.com/be (langue en sous-domaine, pays en sous-répertoire)

Pour permettre une bonne compréhension par les moteurs de recherche de vos contenus multilingues, il est recommandé :

• d'utiliser la table de caractères UTF-8* ;
• d'indiquer la langue de l'interface à l'aide de la balise « meta language » ;
• d'indiquer la langue du contenu à l'aide de l'attribut* « lang ».

Outre ces réglages techniques, il est également important d'adapter ce contenu à la langue et aux habitudes du pays. L'objectif, c'est de faire en sorte qu'un internaute étranger qui navigue sur une version locale de votre site n'identifie pas celui-ci comme d'origine étrangère mais comme un site réalisé par des compatriotes. Utiliser un outil de traduction automatique est déconseillé pour le moment : le résultat n'est pas de qualité suffisante pour être bien référencé, et vos utilisateurs locaux verront cela comme un signe de mauvaise qualité. Soyez exigeants avec vos traducteurs : ils doivent être capables de connaître les différences d'usage d'un pays à l'autre pour la même langue, par exemple où utiliser « septante » (soixante-dix chez les Belges et les Suisses) ou « soixante-dix » (chez les Français, Québecois et autres personnes francophones) pour le français.

• • •

Dans certains cas, la simple traduction ne suffira pas : il faudra transposer le contenu (c'est-à-dire l'adapter à une réalité locale, comme par exemple une réglementation différente), et parfois « transcréer* » ce contenu : c'est-à-dire créer un texte totalement nouveau, parce que le texte de départ n'a pas de sens dans ce nouveau contexte/pays. C'est vrai notamment pour le contenu des balises SEO : <title>, meta description, H1, etc. Il faut transposer leur contenu et non pas les traduire, pour tenir compte des mots-clés les plus tapés dans un pays. Et si le contenu de ces balises est généré par une règle, il faudra probablement créer un jeu de règles pour chaque pays (figure 7.2).

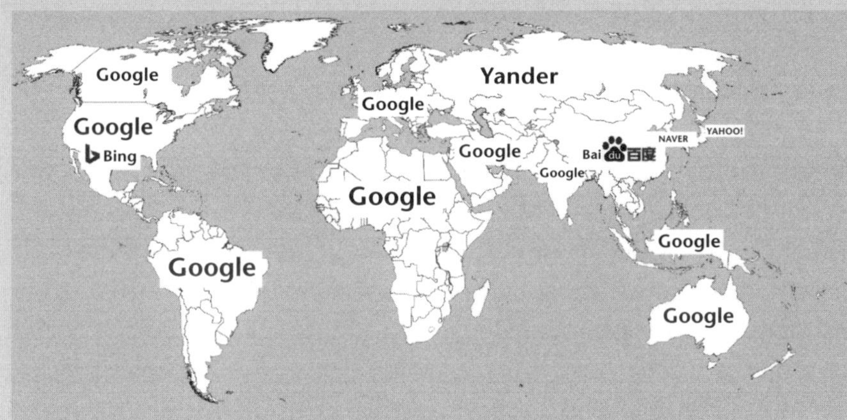

Figure 7.2 – Carte des moteurs dominant par zone géographique[1]

Les influenceurs sur le Web

Les entreprises relèvent toujours de nouveaux challenges pour renforcer leur image de marque et leur notoriété auprès de leurs publics, qu'ils soient fans, suiveurs ou followers sur les réseaux sociaux, consommateurs, collaborateurs, influenceurs ou encore partenaires, car tous sont plus ou moins influençables, infidèles, volatiles mais

1 Source : Philippe Yonnet.

exigeants, attendant beaucoup des marques. C'est pourquoi la création d'une relation forte, évolutive et qualitative avec des influenceurs ou autres relais d'opinion stratégiques devient le vecteur potentiel de cette notoriété. Cette manière de faire parler la marque sur Internet s'avère en tout cas être un facteur essentiel pour la performance et la croissance de l'entreprise. L'intérêt d'utiliser les services d'un influenceur consiste d'une certaine manière à jouer sur la confiance entre la marque et les consommateurs. Développer des relations de confiance avec les différentes communautés à qui la marque s'adresse de manière très ciblée par le biais de contenus, de messages, de commentaires ou de tout autre média destiné à renforcer le message déterminé par la marque, tel est l'enjeu principal de l'influenceur.

Certaines entreprises tardent à comprendre l'importance du *branding* et des relations publiques comme facteurs de croissance. En effet, les relations publiques de l'entreprise donnent un sens relationnel humain à l'intérieur de stratégies digitales faites d'algorithmes et de systèmes d'information. Face aux médias de masse qui trouvent leurs limites de nos jours, les marques peuvent développer une relation de confiance alliant transparence et sincérité grâce aux influenceurs. L'influence et surtout les influenceurs jouent entre les réseaux sociaux et les médias, favorisant du trafic vers les sites Web marchands et autres applications. L'influenceur est au croisement de l'humain et de la performance. Au niveau des réseaux sociaux, la puissance de portée des algorithmes a permis à des personnes de devenir de réelles célébrités sans passer par le cinéma, la scène ou le DJing…

Les influenceurs sont caractérisés par leur individualité, leur personnalité, leur précocité à communiquer à travers les réseaux sociaux ; pensons à Cyprien, 11 millions d'abonnés sur YouTube et 4 millions sur Instagram, à PewDiePie[1], Felix Kjellberg de son vrai nom, Suédois de 27 ans connu pour ses vidéos humoristiques, gamer influenceur qui compte 57 millions d'abonnés et plus de 16 milliards de vues sur

1 Chaîne YouTube de PewDiePie : http://urlz.fr/2ZSQ

YouTube, Squeezie[1] et Mister V[2], ou Enjoy Phoenix[3] et ses 4 millions d'abonnés sur Instagram et 3 millions sur YouTube. Si l'on s'intéresse à l'engagement, c'est-à-dire aux commentaires, aux partages, aux approbations et aux mentions J'aime, la notion d'influenceur est importante. Les influenceurs peuvent parfois être polémiques, ce qui renforce leur légitimité. Cela est parfois vu négativement et certaines fois positivement, le but étant qu'ils marquent les esprits des lecteurs de leurs commentaires et de leurs vidéos, ce qui est intéressant pour la marque, à la recherche d'influenceurs ayant leur mot à dire.

Dès lors que les marques sont à la recherche d'un retour sur investissement et non d'une amitié, le savoir-faire de l'influenceur doit correspondre aux attentes de celle-ci. Les influenceurs doivent donc avoir la notion de performance en tête. À ce propos, les KPI (Indicateurs de Performance Clés) sont définis en amont et des projections sont même possibles dans certains cas, grâce à des rapports de type infographies ou à des vues plus détaillées issues d'analytics. Un influenceur est donc à la confluence du social et du média, mélangeant relations humaines, coopérations et échanges. L'échange est matérialisé par des performances, de la visibilité, un budget et une synergie positive servant à la fois au média et au social... avant de servir le site e-commerce. L'influence s'apparente à un levier marketing actionnable quotidiennement et à n'importe quel moment, correspondant au moment de disponibilité du cerveau des utilisateurs.

Pour capter l'attention et influencer ses utilisateurs, l'entreprise peut affirmer une image de marque claire et sans ambiguïté offrant une expérience continue et un univers attractif et partageable sur la toile. Un discours sincère quelque peu imparfait apporte l'expression juste d'un être humain influenceur pour le compte d'une entreprise. Ce discours risque d'être plus apprécié des autres utilisateurs qu'un storytelling savamment étudié mais qui risquerait de sonner

1 Chaîne YouTube de Squeezie : http://urlz.fr/3Oju
2 Chaîne YouTube de Mister V : http://urlz.fr/7zro
3 Compte Instagram d'Enjoy Phoenix : http://urlz.fr/7zrx YouTube d'Enjoy Phoenix : http://urlz.fr/2Bn6

faux. Pour parvenir à ce Graal, les entreprises doivent orchestrer de manière savante les données et autres informations concernant leurs publics, que ce soit leur comportement sur les médias, leur comportement sur les réseaux sociaux ou sur les sources traditionnelles d'information. Le plus important pour les entreprises consiste à savoir qualifier ces données afin de mieux pouvoir affiner leur stratégie de production de contenu dédié en termes de *rich media* (vidéos, photos, éditoriaux, commentaires...), afin d'offrir une communication ciblée et personnalisée. Le fait de bien connaître ses clients correspond ici à un élément majeur au service de la construction du discours de marque de l'entreprise, désormais capable d'élaborer des éléments de *« brand content »* (contenus produits par une marque) qui permettent la mise en place d'une communication ultra-personnalisée.

En mettant en place des démarches où l'engagement mène à la prescription, les marques permettent à la logique « acquisition – fidélisation » de s'écarter, et acquièrent une image de marque ayant des valeurs communes à celles de ses utilisateurs, que ce soit au niveau de la protection de l'environnement, de la bienveillance, de l'entraide ou de toute autre cause[1]. Les publics sont difficilement identifiables et leur attention est difficile à capter de nos jours, tant les médias sont nombreux et les possibilités de découvrir des contenus nouveaux et différents, riches et variées. Le collectif cédant de plus en plus sa place à l'individualisme au sein de notre société occidentale, les consommateurs-citoyens se regroupent en communautés selon leurs centres d'intérêt, et deviennent des acteurs de leur consommation, prenant le pouvoir grâce aux réseaux sociaux et à des achats groupés par exemple.

Étant donné ce que nous faisons de notre smartphone, qui peut être considéré comme une prothèse, une extension de notre corps vu notre manière de le consulter plusieurs dizaines de fois par jour en fonction de notre addiction, la consommation que nous faisons des médias devient fragmentée et individualisée tout autant que participative de

1 Voir l'exemple de Bazaarvoice pour qui le partage est primordial, par exemple : http://urlz.fr/7zrP

par nos envois de fichiers, d'écritures de commentaires, d'appréciations ou de dégoûts retranscrits au travers d'UGC ou de réseaux sociaux. En somme, nous devenons tous des influenceurs, devenant tour à tour Twittos, YouTubers, Instagrammers, bloggueurs voire journalistes… C'est ainsi que les marques arrivent à toucher et sensibiliser leur public aujourd'hui éparpillé et infidèle en engageant la discussion avec des relais d'opinion – influenceurs –, dont l'objectif, à nouveau, consiste à créer de la confiance et de la préférence de marque pour le développement d'une notoriété qui sera mesurée par la suite.

Plus d'émotions donc plus de mémorisation

■ Le e-commerce : entre raison et émotions

Le clivage entre raison et émotion, sur lequel reposaient toutes les sciences jusqu'aux années quatre-vingt-dix, est remis en question avec les docteurs Damasio et Ledoux, qui montrent dès 1994 que notre cerveau n'utilise en fait que les émotions pour se faire une première impression (Lotstra, 2002). Damasio explique que les émotions nous permettent de hiérarchiser les informations. Ledoux montre que lorsqu'il s'agit de réagir très rapidement, une voie ventrale dans le cerveau au niveau amygdalien permet de donner l'ordre au corps d'agir, avant même que la personne ait eu le temps rationnel d'analyser l'information. Ceci va jouer sur le rôle de l'interface du site d'e-commerce.

Une étude a examiné l'effet de « Like » sur les réponses neuronales et comportementales des jeunes ayant présenté leurs photographies. Des lycéens et collégiens ont regardé leurs photos et d'autres photos sur Instagram pendant qu'ils subissaient une imagerie par résonance magnétique fonctionnelle (IRMf, de l'anglais *functional Magnetic Resonance Imaging* – fMRI). Les participants ont plus souvent aimé les photos qui semblaient avoir reçu beaucoup de Like sur leurs photos (Sherman, Greenfield, Hernandez et Dapretto, 2018). Ceci nous amène à l'effet procuré par la vue du nombre de « Like », quelle que soit la représentation (un nombre, un pouce, une étoile ou un cœur…), qu'ils apparaissent sur une photo ou sur le fond d'une page. Le contraste occasionné par la couleur d'un réseau social (Instagram rouge ou Facebook bleu pour reprendre les plus

• • • en vogue) sur une page Web ou un autre support qui les accepte, joue en faveur de ce qui compte pour les marketeurs : faire percevoir pour mémoriser et entraîner des intentions chez le consommateur. Intention d'acheter, de recommander ou de revenir…

Les Progressive Web Apps

La Progressive Web App (PWA) est à mi-chemin entre le site Web auquel on accède *via* l'URL et l'application native que l'on télécharge d'un store tel que l'App Store d'Apple ou Google Play de Google. Sécurisée grâce au protocole HTTPS[1], la PWA assure des échanges client-serveur sécurisés. Accessible à la manière d'une application native, un raccourci peut être situé sur le bureau du smartphone ou de la tablette pour accéder à la PWA facilement.

Le mobile possède deux contraintes majeures pour qui souhaite atteindre une expérience utilisateur (UX) totale :

- Son écran à la taille limitée.
- Un pointeur qui manque de précision : le doigt.

De ce fait, les concepteurs et autres designers d'interfaces cherchent depuis quelques années à rendre les interfaces plus claires, plus épurées, plus intuitives, afin de conserver l'attention de l'utilisateur quelle que soit la taille de l'écran. Pour cela les PWA s'exécutent dans le navigateur Web présent sur tout type de support (smartphone, tablette, ordinateur), une manière de rationaliser les coûts.

Étant exécuté sur ce navigateur lors de la première visite, le système de mise en cache stocke localement tout ou partie du contenu de la PWA, permettant à l'utilisateur d'accéder à celui-ci et de naviguer entre les pages, y compris lorsqu'il n'est pas connecté ou que la connexion est limitée. L'indépendance à l'égard du réseau Internet n'a pas de prix. Le « P » de Progressive signifie que la PWA fonctionne

1 HTTPS : Protocole de transmission sécurisé permettant à l'utilisateur d'accéder à des pages Web par l'intermédiaire d'un navigateur.

sur tout type de navigateur et va s'adapter en fonction des fonctionnalités de ce dernier : un navigateur riche permet plus de fonctionnalités qu'un navigateur simplifié et par conséquent la PWA proposera des fonctionnalités corrélées à cette richesse du navigateur.

À cela il faut ajouter la géolocalisation qui peut être récupérée par la PWA grâce à l'utilisation de l'API du support utilisé (smartphone, tablette ou montre). La position de l'utilisateur peut être connue par la PWA grâce au protocole HTTPS, permettant d'obtenir des positions de manière sécurisée, offrant de fait des possibilités de contacter l'utilisateur en fonction de sa situation géographique, que ne peut offrir un site Web. L'objectif est d'obtenir le meilleur de l'application en termes d'ergonomie, d'accessibilité, d'utilisabilité, de facilité d'utilisation, sans les contraintes, c'est-à-dire un poids parfois important et donc un certain espace pris dans le disque dur du mobile. Les PWA n'ont pas besoin d'être mises à jour de manière régulière puisque le contenu provient d'un site qui est lui-même mis à jour quand le contenu est modifié.

Comme pour une application native, la PWA se doit d'être fluide et intuitive. Ainsi, les éléments clés que l'utilisateur sollicite fréquemment s'affichent instantanément, étant donné qu'ils sont déjà mis en cache. Installée sans contraintes, c'est-à-dire sans le recours au Wi-Fi ou sans la nécessité d'avoir beaucoup d'espace, la PWA est à la fois accessible, respectant les critères d'accessibilité tels que ceux émis par le W3C[1], et légère, comme tout site Web responsive souhaitant apparaître au mieux dans les moteurs de recherche. Une PWA est une solution Web hybride entre l'application mobile native et un site mobile. Elle peut être consultée comme un site Web normal mais elle permet une expérience utilisateur similaire à celle d'une application. La différence est liée aux contraintes qui sont moins importantes pour les concepteurs de cette dernière que pour une application telle qu'envoyer un dossier à l'App Store ou à Google Play pour référencer l'application, ou encore utiliser une grande quantité de mémoire sur l'appareil.

1 http://urlz.fr/7zdP

Les PWA, disponibles directement à partir d'une URL, permettent d'acquérir trois fois plus de visibilité qu'une application native en moyenne, notamment grâce au fait qu'une URL est facile à répandre sur les différents supports, que ce soit les réseaux sociaux, les UGC, les annuaires des sites Web, au sein des mails ou des publicités. Par ailleurs, elles retiennent les utilisateurs huit fois plus longtemps qu'un site Web classique du fait d'une expérience utilisateur proposée suffisamment riche. Les « notifications push » (envoi d'un message d'une appli vers un smartphone), élément essentiel dans la construction de la communication envers les utilisateurs, sont possibles avec les PWA, ce qui modifie les usages étant donné les rebonds occasionnés par ces notifications et les visites qui vont de paire.

Les PWA doivent répondre à un certain nombre de caractéristiques :

- Elles doivent être **responsive**, c'est-à-dire adaptables à tout type d'écran, les PWA sont prêtes pour chaque plate-forme, permettant de gagner en visibilité.
- Question **coût**, les PWA sont développées avec les technologies du Web, alors que l'offre de compétences dans cette technologie est très importante. Une PWA coûte donc beaucoup moins cher à développer qu'une application native.
- Question **indépendance des concepteurs**, la PWA étant conçue pour être affichée sur des navigateurs, nul besoin de dépendre des « stores » (figure 7.3), que ce soit l'App Store – qui facture en moyenne 89 € par an – ou Google Play – 25 € par an – pour distribuer la PWA.
- Le **référencement** de la PWA s'effectue de la même façon que pour un site Web et par conséquent le contenu est indexé par les moteurs de recherche de la même façon qu'un site Web.
- La **mise à jour** s'effectue comme un site Web : immédiatement. Nul besoin de passer par une révision liée à un mode de distribution privé et payant. Les utilisateurs de la PWA s'expriment directement sur les fonctionnalités de celle-ci comme pour un site Web, permettant l'amélioration progressive de son fonctionnement.

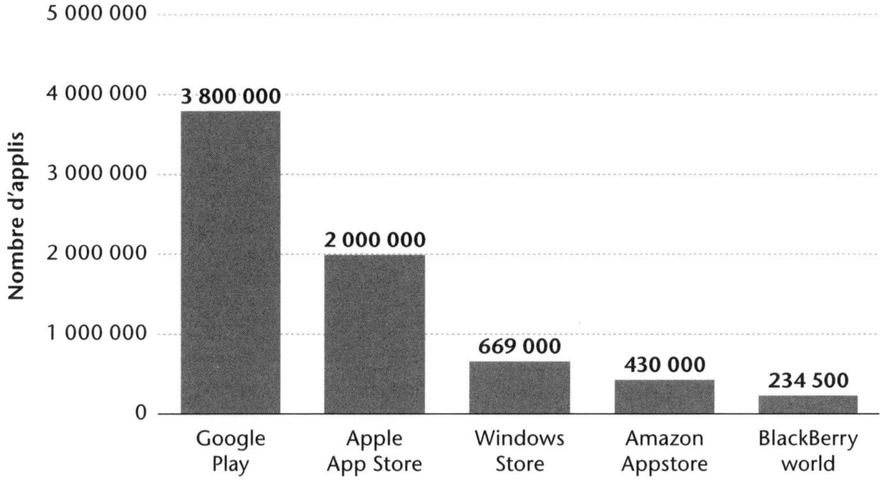

Figure 7.3 – Nombre d'applications disponibles dans les principaux magasins d'applications au 1er trimestre 2018[1]

L'essentiel

▶▶ Ainsi que nous l'avons vu, le site d'e-commerce profite des réseaux sociaux, du référencement et des influenceurs pour occasionner plus de passage sur ses pages.

▶▶ La notion d'influenceur doit être bien gérée en fonction du message que la marque veut faire passer au risque de s'attirer les foudres de ses aficionados les plus fervents.

▶▶ Une voie possible consiste à doser la teneur en contenu émotionnel pour laisser suffisamment de place à la raison.

▶▶ Un choix s'impose alors, permettant d'offrir une UX de qualité tout en apportant confort et facilité d'utilisation : la Progressive Web App (PWA).

1 Source : http://urlz.fr/7ztp

Chapitre 8

Quels leviers pour augmenter la dépense du visiteur

Objectifs du chapitre

- **Les outils d'analyse** appelés analytics font la pluie et le beau temps du Web grâce à leur pouvoir sur les réseaux sociaux. Un zoom est fait sur ces outils très en vogue.
- **Une présentation des indicateurs de performance** (KPI) à suivre pour le responsable du site d'e-commerce.
- **Des outils** permettant de rendre un contenu partageable pour le meilleur du site Web marchand sont présentés.

Les analytics : tableaux de bord de la stratégie d'affaire électronique

« Si je devais recommencer ma vie, je n'y voudrais rien changer ; seulement j'ouvrirais un peu plus grand les yeux. »

Jules Renard

Les variables importantes en marketing que sont la confiance, l'implication, l'impression du temps qui passe, permettent grâce aux analytics d'améliorer la conversion du visiteur en consommateur sur un site d'e-commerce.

Principes et fondements

Le responsable du site d'e-commerce doit mettre en œuvre une stratégie validée par des indicateurs de performance fiables afin de prendre des décisions pertinentes et réfléchies. Parmi ces indicateurs, les KPI (*Key Performance Indicators*, indicateurs de performance clés) permettent de garantir le suivi d'activité en fonction de critères de performances pertinents et cohérents. Par l'intermédiaire de tableaux de bord (ou *dashboards*), ces KPI fournissent de façon lisible et accessible toutes les informations nécessaires pour atteindre les objectifs fixés par le responsable du site Web marchand. Par exemple, permettre à chacun des acteurs de la chaîne de suivre l'évolution des campagnes mises en œuvre en même temps. Le tableau de bord va aider le responsable à guider ses actions en mettant à sa disposition des indicateurs de pilotage de manière régulière. Le tableau de bord aide au suivi de l'évolution de l'activité et à la prise de décision : les alertes destinées à donner une information exhaustive en fonction des KPI choisis peuvent être configurées de façon hebdomadaire ou mensuelle, mais parfois un suivi quotidien est nécessaire, c'est le cas des sites Web marchands notamment. Toutes les informations récoltées par les systèmes des analytics ne doivent pas nécessairement figurer dans le tableau de bord. Il convient de sélectionner les indicateurs les plus représentatifs des performances du site Web marchand pour ne pas être noyé sous l'information.

L'ensemble des outils d'envoi d'e-mails proposent une mesure des KPI, par exemple le nombre d'e-mails envoyés et délivrés, le taux de réactivité général qui concerne le rapport entre l'ouverture du mail et le clic sur des liens ou des photos, le taux d'ouverture, le taux de clics, le nombre de désinscrits, les mails non aboutis aussi appelés *hard bounces**. Il est possible de déterminer le taux de transformation – ou taux de conversion –, dès lors que le nombre de commandes ou d'actions générées est mis en relation avec le nombre d'e-mails envoyés. Les KPI permettent une évaluation des résultats d'une opération menée, indiquant par exemple si des actions réalisées valident une stratégie mise en œuvre. Ainsi, ils servent d'aide à la prise de décision en montrant l'évolution des performances réalisées par le site Web marchand. Ils indiquent par exemple le trafic sur le site ou les achats effectués par les consommateurs depuis le site. Ils peuvent aider le responsable du site d'e-commerce en ce qui concerne la réputation, notamment par une meilleure gestion des commentaires laissés sur les UGC, mais surtout, ils permettent de renforcer la compréhension du comportement des consommateurs sur l'interface. Pour cela il faut que le responsable des analyses sélectionne les indicateurs utiles et sur lesquels il peut agir rapidement. Pour réaliser de bons indicateurs de performance, il faut savoir ce que l'on souhaite mesurer. Pour cela, s'astreindre à des objectifs précis permet de répondre à cette question.

Définir les objectifs stratégiques correspondant aux raisons d'être du site : à quoi sert-il ?

Si l'on reprend l'exemple du confectionneur de sandwichs, l'objectif du site consiste à répondre à une attente : celle de clients qui ne souhaitent pas attendre devant un étal sur le marché et qui préfèrent réaliser leur commande directement depuis leur téléphone, pour venir chercher leur panier par la suite.

Les KPI doivent aussi permettre de définir les **objectifs tactiques**, c'est-à-dire des actions qui permettent de réaliser des objectifs stratégiques. Faire connaître le site et ainsi augmenter le nombre de clients peut constituer un objectif : il est important de définir les KPI qui correspondent à ces objectifs. Il est ensuite important de définir les **KPI correspondants**, permettant de mesurer la performance des objectifs secondaires. Ainsi, connaître le nombre de nouvelles adresses e-mails enregistrées lors de la visite d'une page représente un KPI correspondant.

Par la suite, il faut définir les **valeurs cibles** que l'on souhaite atteindre. Par exemple définir les objectifs secondaires à réaliser correspond à une valeur cible à atteindre. Se fixer une centaine d'adresses e-mails collectées par mois compte parmi les valeurs cibles possibles. Il faut pouvoir déterminer les canaux les plus pertinents où appliquer les KPI. Dans un univers omnicanal où le visiteur peut venir de n'importe où sur le Web, les canaux devront être cohérents avec les comportements clients escomptés. De nombreux indicateurs existent, il conviendra donc de bien choisir celui ou ceux qui semblent le(s) mieux adapté(s) aux attentes du responsable du site Web marchand. Le tout consiste bien sûr à choisir le ou les outils d'analyse de trafic ou de gestion de la relation client qui sont susceptibles, à condition d'être bien interprétés, de donner les meilleures indications au responsable afin qu'il puisse piloter la stratégie et la bonne orientation des actions. Grâce à une bonne utilisation de ces indicateurs, le croisement des informations qui vont permettre de gérer les campagnes, d'effectuer des tests et d'optimiser les investissements, permettra de proposer des offres de service toujours plus cohérentes et pertinentes par rapport à la stratégie globale du site d'e-commerce.

Grâce à la mesure de ces performances, l'entreprise mesure la rentabilité économique des investissements qu'elle a réalisés. Ce retour sur investissement, ou ROI (*Return on Investment*), est l'indicateur le plus important en e-commerce, permettant d'aider à la prise de décision et au choix du meilleur levier de croissance, dans le but de définir des campagnes toujours plus affinées. Le ROI ne peut être attendu dans un délai trop court en e-commerce, par conséquent se fixer des objectifs à moyen terme suffit pour optimiser et orienter la stratégie du site Web marchand en fonction des résultats obtenus sur celui-ci. Le ROI n'est pas une question d'argent uniquement, ainsi des indicateurs relatifs au nombre de visites ou au nombre de notifications obtenues sur les réseaux sociaux (followers, J'aime, etc.) peuvent compter tout autant en phase de démarrage que des chiffres de ventes.

Quelques indicateurs de performance intéressants à suivre

Le taux de conversion ou **taux de transformation** concerne le rapport entre le temps de visite du site et le nombre d'actions réalisées. Par action, il peut s'agir de commandes, d'inscription à une newsletter, de téléchargements ou encore de commentaires laissés. Ce taux de conversion s'exprime en pourcentage et varie en fonction de critères tels que la récence du site si c'est un site, si ce site laisse la part belle aux CGU (conditions générales d'utilisation), aux réseaux sociaux, si ce secteur d'activité là est celui qui nous intéresse, etc.

Le montant moyen par commande permet de suivre avec précision l'activité commerciale du site suivant le produit ou service proposé. L'objectif est d'augmenter le panier moyen grâce aux produits complémentaires (« cross selling* » [vente additionnelle] et « up selling* » [montée en gamme]).

Le taux de rebond correspond au pourcentage de visiteurs quittant une page sans avoir interagi avec elle. Un taux de rebond est mauvais lorsqu'un prix est trop élevé, lorsque des commentaires négatifs sont trop nombreux, lorsque les photos prises et affichées sur le site sont de mauvaise qualité ou lorsque l'animation permettant de déplacer le produit ne fonctionne pas.

Le taux d'abandon de panier correspond au nombre de visiteurs qui ont mis des articles dans le panier sans avoir validé celui-ci. Il suffit de découvrir des frais de port trop importants, de les découvrir trop tard dans le processus de commande ou tout simplement d'avoir dépassé le temps nécessaire pour garder la session active, pour que ce taux d'abandon, exprimé en pourcentage, explose.

• • •

• • •

Le nombre de sessions et d'utilisateurs correspond à un indicateur permettant d'évaluer le site au niveau du trafic et d'en mesurer activités et attractivité.
Les sources de trafic, qu'elles soient liées aux réseaux sociaux, au moteur de recherche et donc au référencement, aux visites spontanées, aux recommandations issues d'UGC ou bien encore d'e-mails, permettent d'identifier les plus importantes et les plus performantes et donc de mieux se concentrer sur les canaux les plus importants d'après l'analyse de ce trafic.

La mise en place d'un tracking

Pour pouvoir effectuer des analyses dans les meilleures conditions, un système de tracking est d'abord mis en place. C'est un moyen relativement simple de mesure des performances d'un site Web. Il facilite l'utilisation des analytics en tenant compte du comportement réel de l'internaute et en s'intéressant au bon clic parmi l'ensemble des clics réalisés par le visiteur du site Web marchand. Le tracking va permettre de suivre un lien traqué emprunté par le consommateur. Par exemple, lorsqu'il voit un lien présent sur une landing page, s'il clique sur ce lien et que ce lien est traqué, à ce moment-là toutes les informations concernant la visite du site en suivant ce lien peuvent être enregistrées dans l'outil analytique.

L'objectif de ce tracking consiste à mieux comprendre les contenus visités par l'internaute ainsi que ses habitudes de navigation sur le site Web marchand. Il va permettre d'améliorer l'expérience utilisateur. En connaissant l'origine des liens cliqués, il est possible pour le responsable du site Web marchand de connaître l'impact des partenariats et autres campagnes d'affiliation mis en place, puisque les clics permettent de connaître la provenance des liens cliqués.

Pour un fonctionnement idéal du tracking, il faudra identifier les éléments à suivre tels que des pages Web ou des éléments constituant la page Web comme des liens, des images, des vidéos, des liens externes issus de bannières de publicité, de mails, de blogs, d'UGC comme TripAdvisor par exemple, de réseaux sociaux, de sites partenaires, de sites affiliés… Pour pouvoir être identifiés, ces éléments vont contenir des tags dépendant des outils d'analytique utilisés. Dès lors, un code de tracking va pouvoir être utilisé dans l'URL du lien à suivre. Chaque tag a une syntaxe qui lui est spécifique. Une fois le tracking mis en place, un visiteur du site Web qui va cliquer sur le lien sera dès lors traqué puisque les informations concernant sa visite apparaîtront progressivement dans l'outil d'analytique au sein de la liste des liens traqués.

Parmi les outils de mesure de la performance les plus utilisés, celui de Google, Google Analytics, rend le plus de services de nos jours, mais il risque prochainement d'être détrôné par Google Data Studio, plus visuel et simple d'utilisation.

Cas d'entreprise

Google Analytics

Utilisé par près d'un tiers des sites Internet français, ce logiciel domine le marché des éditeurs statistiques depuis 2007. Il mesure l'audience d'Internet, permettant de collecter des informations tant sur les sources d'acquisition de trafic que sur le comportement des internautes visitant un site Web, marchand ou non. Google Analytics permet d'atteindre certains objectifs comme par exemple essayer de comprendre pourquoi une confirmation de commande n'a pas lieu, si un compte a bien été créé ou encore si l'inscription à la newsletter se fait de façon simple. Dans le cadre d'une utilisation pour un site Web marchand, Google Analytics permet de voir si les ventes sont bien effectuées par l'intermédiaire 1) d'une inscription sur le site et 2) du remplissage dans le panier des produits choisis.

Google Analytics permet de mesurer les tendances de visites et de comportements des internautes sur les sites Web et il permet aussi de suivre les campagnes provenant de sources extérieures telles que les réseaux sociaux, les comparateurs, l'e-mailing, l'affiliation, le display ou encore le partenariat.

Même en utilisant un système de tracking très précis il est difficile de tout traquer étant donné le nombre de hits, c'est-à-dire d'interactions par propriété de pages vues différentes qui sont disponibles dans le rapport fourni par Google Analytics. La technique peut aussi représenter un frein avec le JavaScript et les cookies qui entraîne des déperditions de données si les internautes n'activent pas le JavaScript sur leur navigateur ou si les

• • •

• • •

internautes n'acceptent pas les cookies ou les suppriment. En outre, les navigateurs peuvent bloquer l'exécution de certaines commandes ou de certains tags. Par ailleurs, des temps de chargements longs empêchent les tags de travailler efficacement aussi parfois. D'où l'importance là encore d'optimiser les pages pour qu'elles se chargent rapidement dans le navigateur.

Les données peuvent parfois être incomplètes voire erronées. En l'espèce, toutes les consignes du RGPD ou de la CNIL ne sont pas toujours respectées et en ce sens, un outil d'analyse même parfaitement réglé ne peut pas toujours apporter de miracles.

Enfin, l'échantillonnage des données doit être lui aussi considéré comme un gage de faiblesse parfois, si les chiffres correspondent par exemple à un échantillon trop réduit.

Afin de bénéficier au maximum des possibilités d'analyse de Google Analytics, il est nécessaire de relier les différents comptes à ce dernier. Ainsi Google Adwords, Google Play, Google Ad Exchange*, Google Adsense et Google Search, par exemple, doivent permettre que les données remontent vers Google Analytics pour profiter au maximum de ses possibilités d'analyse. De même est-il important d'organiser et de structurer les pages pour Google Analytics afin de favoriser la pertinence des systèmes de navigation.

Étant donné que le système de Google Analytics se base sur la notion de pages vues et de hits, chaque page doit comporter un tag spécifique. Sans cette URL, Google Analytics ne peut se déclencher et sans hit*, Google Analytics ne peut mesurer d'actions… Ainsi il y a une déperdition d'information du fait d'événements non traqués.

Bien que Data Studio, le nouvel outil d'analyse édité par Google, apporte des contenus plus lisibles, attractifs et faciles à présenter, Analytics demeure l'outil numéro 1 d'analyse et de reporting de performances des sites Web parce qu'il est complet et permet de piloter l'activité.

Lors de la création d'un compte Google Analytics, il est important de créer un compte dédié à l'analyse et non de le relier à un compte Google existant, ce qui poserait des problèmes de droit d'accès voire de discontinuité de la donnée historique dans la suite du projet. L'objectif étant de centraliser les accès, il est nécessaire que les droits d'administration et donc que la propriété du compte soit bien différenciée d'un compte utilisateur Google. De cette façon, chaque utilisateur dont les besoins diffèrent, qu'il soit dirigeant, marketer ou webdesigner, aura une manière adaptée d'obtenir des analyses les plus sûres, fiables et représentatives de l'audience… sous les yeux.

Déterminer les critères de performance du site d'e-commerce

Une fois le compte Analytics paramétré, les KPI choisis, les objectifs déterminés et le tableau de bord préparé, il est temps de déterminer les critères de performance du site d'e-commerce. Au-delà du chiffre d'affaires et du retour sur investissement, les retours clients tels que les commandes annulées ou les envois d'e-mails liés à des mésaventures sur le site permettront d'améliorer l'expérience des consommateurs sur le site Web.

Le ROI doit être analysé pour chaque source de trafic : est-ce que le visiteur vient des réseaux sociaux, d'UGC, d'une application, d'un autre site Web ? Toutes ces questions nécessitent d'être posées avant d'interpréter quelque résultat que ce soit.

D'autres outils que Google Analytics existent, qui permettent des analyses de performance plus fines en fonction des objectifs auxquels le responsable du site Web marchand s'astreint. Voir par exemple cette présentation d'outils sur http://urlz.fr/7zuD.

Rendre le contenu partageable, aspects techniques et psychologiques

Dans ce chapitre, nous nous attachons aux aspects techniques du partage. Comment le rendre efficace et comment en faciliter au maximum la mise en œuvre pour l'utilisateur. Le rendre efficace, cela passe par le fait de remplir les « balises Meta OG » pour commencer.

Aspects techniques

La définition officielle du protocole Open Graph indique que c'est un protocole qui permet à une page Web de devenir un objet « riche » dans un réseau social. Plus concrètement, le protocole Open Graph est un ensemble de balises qui permettent à un webmaster de donner aux principaux réseaux sociaux (Facebook, Google +, Twitter, LinkedIn…) des informations précises sur ses pages.

Ces informations permettront aux réseaux sociaux de mieux afficher un lien sur une de ces pages qui aurait été placé par leurs utilisateurs. Le protocole Open Graph a été créé à l'origine par Facebook et est désormais géré par la fondation Open Web[1]. Nous voyons donc le principe de la Meta OG, et le principe de hiérarchie qui les régit :

Contenu du site → Meta Description → Meta OG générale → Meta OG par réseau (Twitter, Pinterest…)

Une première incursion dans le monde de la publicité sur les réseaux sociaux montre l'influence des balises Meta OG sur le design des publicités Facebook (et le fait que l'on puisse y déroger). Nous nous penchons sur les aspects pratiques pour voir comment les insérer au sein de la page.

L'outil de débogue de Facebook (http://urlz.fr/7zuS) permet de voir dans un premier temps si les balises Meta OG sont correctement remplies (figure 8.1).

Figure 8.1 – Capture d'écran de la page Facebook pour développeurs

Les balises OG sont définies avec deux propriétés :

- *Property* : définit la propriété du document à promouvoir avec les balises Meta OG.
- *Content* : définit la valeur de cette propriété.

Des objets tels que les images ont besoin de plusieurs balises pour être définis et renseigner le type, la longueur, la largeur, etc. Dans la partie « HEAD » de la page, il faut insérer les balises OG pour le type, le titre et l'URL. Il est ensuite possible d'insérer les trois lignes qui définissent l'image (son URL, sa longueur – *width* – et sa largeur – *height*). D'autres attributs comme le nom du site ou sa description peuvent ensuite être ajoutés.

1 http://www.openwebfoundation.org/

Les outils de balisage

Des sites permettent d'aller plus loin dans l'écriture des balises Open Graph, dont la plupart sont en anglais :

- Facebook Object Debugger – Débogueur d'objet Facebook – analyseur et débogueur officiels de Facebook.
- Google Rich Snippets Testing Tool – Support du protocole Open Graph dans des verticales spécifiques et des moteurs de recherche.
- PHP Validator and Markup Generator – OGP 2011 validateur d'entrée et générateur de balisage dans les objets PHP5.
- PHP Consumer – une petite bibliothèque pour accéder aux données du protocole Open Graph en PHP.
- OpenGraphNode in PHP – un simple analyseur pour PHP.
- PyOpenGraph – une bibliothèque écrite en Python pour l'analyse des informations de protocole Open Graph à partir de sites Web.
- OpenGraph Ruby – Ruby Gem qui analyse les pages Web et extrait le balisage du protocole Open Graph.
- OpenGraph for Java – petite classe Java utilisée pour représenter le protocole Open Graph.
- RDF::RDFa::Parser – Analyseur Perl RDFa qui comprend le protocole Open Graph.
- WordPress plugin – Le plugin WordPress officiel de Facebook, qui ajoute des métadonnées Open Graph aux sites WordPress.
- Alternate WordPress OGP plugin.

Parallèlement, des générateurs de balises meta existent, qui facilitent la tâche de création de telles Meta OG comme Secretsaucehq (http://secretsaucehq.com/) (figure 8.2) :

Figure 8.2 – Capture d'écran du site Secretsaucehq.com

Il est aussi possible d'observer comment un plugin WordPress comme Yoast (https://yoast.com/) peut aider un webdesigner à générer automatiquement et de façon dynamique ces balises meta (figure 8.3).

Figure 8.3 – Capture d'écran du site Yoast.com

Penchons-nous ensuite sur la façon de faciliter la mise en œuvre par l'utilisateur. Pour cela, en regardant comment inclure des boutons de partage sur le site, il est possible de monter crescendo dans l'efficacité des outils :

- Dans un premier temps, les outils fournis par Facebook sont très utiles à cet effet : http://urlz.fr/7zuS.
- Il convient ensuite de s'intéresser aux générateurs de liens de partage afin d'ancrer le lien n'importe où sur la page ou sur les réseaux sociaux, y compris dans une newsletter : http://hrefshare.com (figure 8.4).

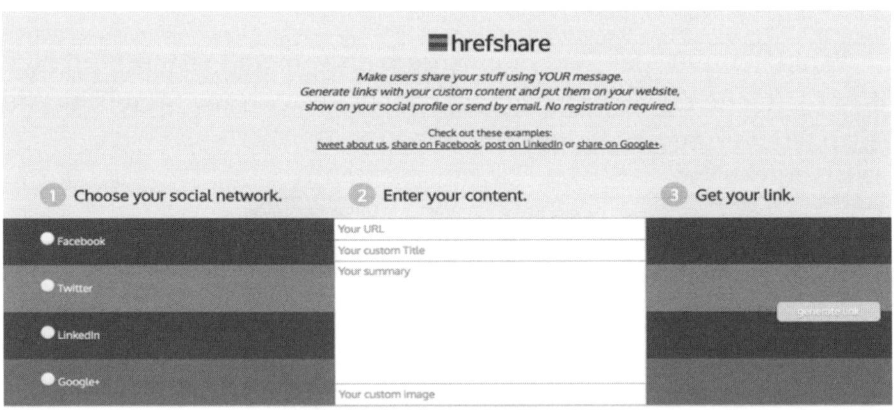

Figure 8.4 – Capture du site http://hrefshare.com

Les plugins « *ready made* » qui permettent d'inclure des boutons de partage sur n'importe quels sites, d'en choisir le design et d'en tracker l'efficacité, tels que https://sumo.com (figure 8.5) :

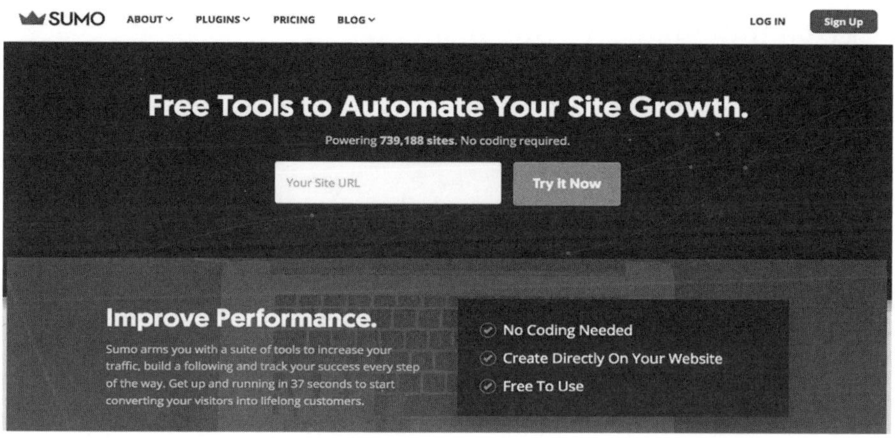

Figure 8.5 – Capture d'écran du site Sumo

ou https://www.twinword.com/[1] (vous devez vous inscrire) ou https://www.addtoany.com/buttons/ (sans inscription) (figure 8.6).

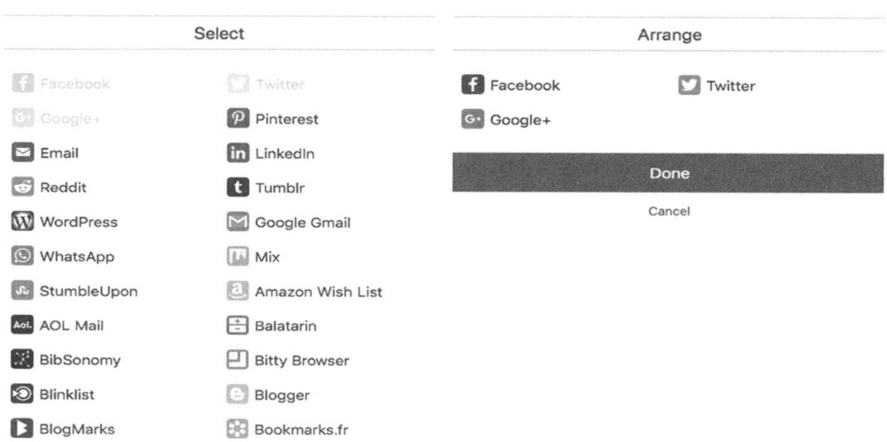

Figure 8.6 – Capture d'écran du site Addtoany

1 http://urlz.fr/7zy0

Dans l'optique de préparer un lancement de campagne programmé à certaines dates, il est recommandé de s'intéresser également aux outils de *crowdsharing* comme Nouncy, qui permettent de programmer des campagnes de partage à des moments prédéterminés (voir http://nouncy.com) (figure 8.7).

Figure 8.7 – Capture d'écran du site Nouncy

Étudions les aspects psychologiques du partage, d'après les travaux de Neil Patel (http://neilpatel.com/). La notion d'Ask The Right Time permet de faire une transition sur l'efficacité des Scroll Box (voir http://urlz.fr/7zy5) et des Exit Box. L'Exit Box permet de :

- **Monétiser des liens sortants** : c'est un endroit idéal pour afficher des annonces, des offres spéciales, ou promouvoir un produit de conversion élevé ;
- **Obtenir plus de favoris sociaux** : placer les boutons de bookmarking social sur la page de sortie. Il est alors possible de faire le partage social et de passer le retard de redirection pour le visiteur ;
- **Protéger le score SEO**[1] : pas plus de fuites de référencement de liens externes directs. Exit Box arrête ceux qui utilisent les liens « nofollow ».

1 *Search Engine Optimization* (référencement).

- **Afficher des messages** : avertir vos visiteurs qu'ils sont sur le point de quitter votre site, et leur offrir à l'occasion de revenir en arrière, ou sélectionner une autre destination.

Il est alors temps d'effectuer une première incursion dans le *Social Media Analytics* via http://buzzsumo.com/ afin d'analyser quels sont les meilleurs horaires pour demander un partage à une audience donnée (figure 8.8).

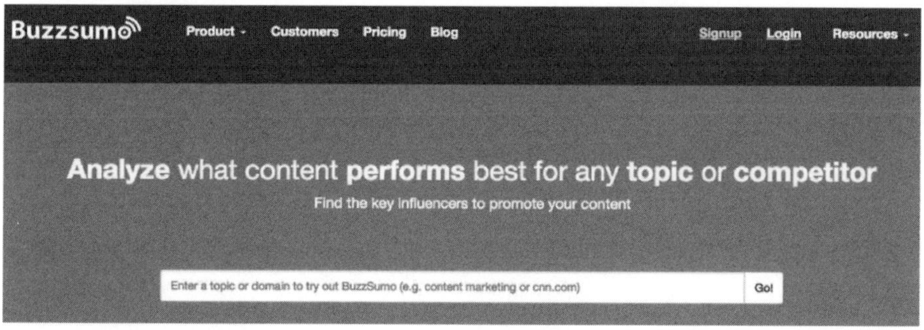

Figure 8.8 – Capture d'écran du site BuzzSumo

La création du contenu

Dans cette partie, nous allons regarder comment accélérer la création du contenu et comment en automatiser la publication. Nous regardons ensuite comment rédiger un bon headline, c'est-à-dire un contenu permettant d'éviter de perdre l'attention du visiteur. Chaque seconde compte, pas de temps à perdre pour être convainquant, en :

- ciblant correctement ;
- accrochant le visiteur ;
- étant irrésistible, méthode AIDA[1], pour…
- que le visiteur passe à l'action.

1 Susciter l'**Intérêt**, attirer l'**Attention**, éveiller le **Désir**, pousser à l'**Action**.

Des mots comme « NOUVEAU » et « GRATUIT » aident beaucoup, mais pas autant qu'un bon incitatif tel qu'un cadeau, un bon d'achat, ou encore un livre blanc à télécharger. Il est aussi possible d'inciter le consommateur à prendre des décisions qui vont dans le sens souhaité avec la solution Kickofflabs qui permet la mise en place d'une campagne virale : http://kickofflabs.com/ (figure 8.9).

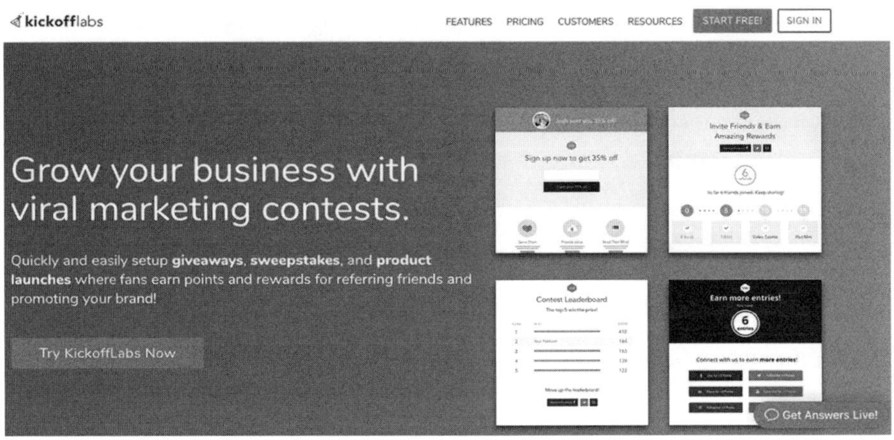

Figure 8.9 – Capture d'écran du site Kickofflabs

Avant de créer du contenu, encore faut-il savoir sur quoi écrire. BuzzSumo, qui permet de déterminer quels contenus ont eu un fort taux de partage sur une période de temps, pour une zone géographique en particulier et sur un mot-clé donné, est intéressant à cet effet. Par exemple, quels furent les contenus les plus partagés le mois dernier sur Facebook avec le mot-clé « SEO ». C'est une bonne source d'inspiration : http://buzzsumo.com.

Pour la création à proprement parler, nous allons voir le pouvoir de l'outsourcing (externalisation) via http://upwork.com (figure 8.10).

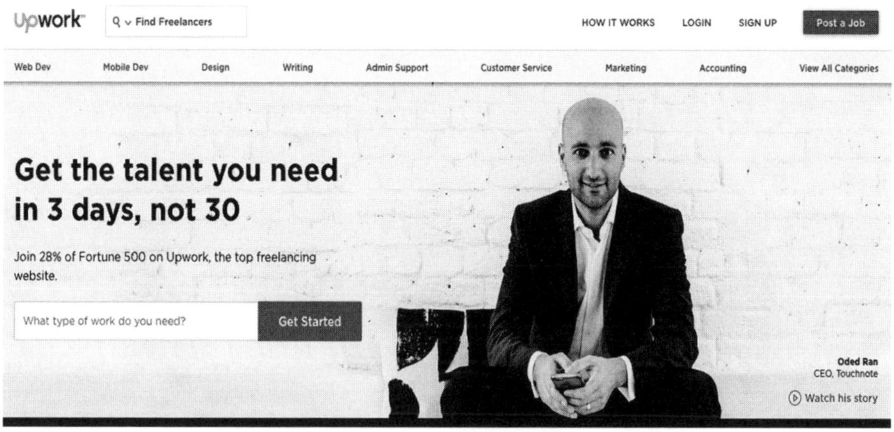

Figure 8.10 – Capture d'écran du site upwork.com

L'externalisation est une pratique dans laquelle une entreprise individuelle ou une organisation effectue des tâches, fournit des services ou fabrique des produits pour une autre société – fonctions qui pourraient ou sont habituellement faites en interne. L'externalisation est habituellement utilisée par les entreprises pour réduire les coûts. Le site Upwork permet de déléguer facilement le travail de rédaction et de traduction à des rédacteurs situés partout dans le monde. Il faut voir quels sont les guides à respecter pour recruter les meilleurs rédacteurs, comment les motiver, comment s'assurer que le travail est bien fait, et combien les rémunérer.

En posant une annonce à des fins de démonstration, un article est prêt. Vient ensuite l'étude de la publication, où nous nous penchons sur le principe, puis les outils de planification sur les réseaux sociaux avec https://buffer.com/ qui permet de gérer tous les comptes sociaux à partir d'un tableau de bord simple. Il planifie les publications sur les réseaux sociaux pour plus tard et permet de préparer rapidement et facilement des posts pour tous les comptes sociaux. Il les publiera automatiquement, en fonction du calendrier d'affichage mis en place (figure 8.11).

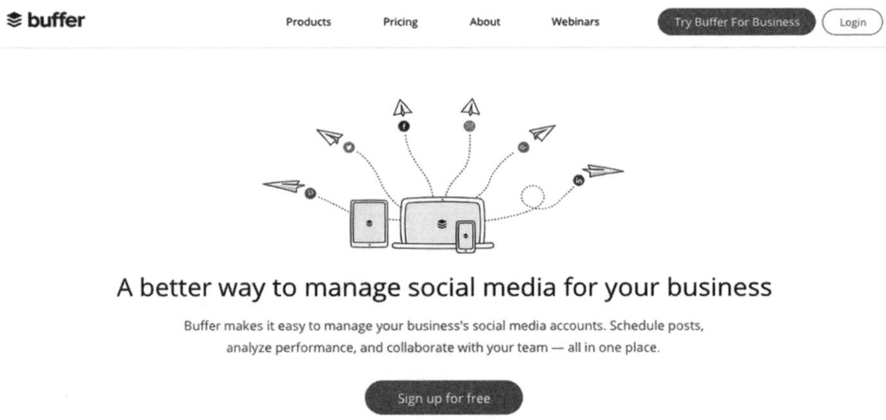

Figure 8.11 – Capture d'écran du site buffer.com

C'est ce dernier qu'il est recommandé d'utiliser. Nous apprenons ici à nous servir d'autres outils tels que le principe de « queue », du *share next* (prochain partage), du calendrier, de la création d'images avec Pablo (http://urlz.fr/7zyB), de l'analytics (et donc des KPI à retenir) (figure 8.12).

Figure 8.12 – Capture d'écran du site Pablo Buffer

Un indicateur de performance clé (KPI) est une valeur mesurable qui démontre l'efficacité d'une entreprise et la réalisation des objectifs d'affaires clés comme nous l'avons vu. Les organisations utilisent les KPI pour évaluer leur succès à atteindre les cibles.

Il est temps de voir ce qu'est une API, pour en expliquer le but et l'utilité. Nous parlons d'abord de l'API Facebook qui permet à Buffer (http://buffer.com) de publier à notre place, puis de l'API Buffer que nous allons pouvoir lier à d'autres services dans le but d'automatiser les publications. Tout ceci permet d'aborder Zapier (https://zapier.com/), qui connecte les applications et automatise les workflows, se ventant lui-même d'une « automatisation facile pour les gens occupés ». Zapier déplace les informations entre les applications et le Web automatiquement, donc il est possible de se concentrer sur d'autres tâches plus importantes (figure 8.13).

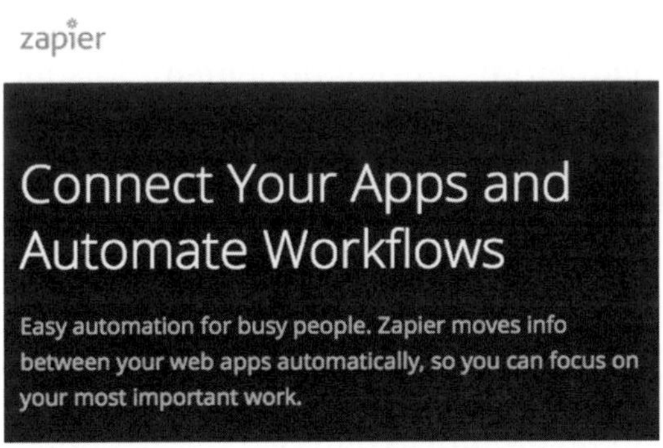

Figure 8.13 – Capture d'écran du site Zapier.com

Le concurrent grand public de Zapier, IFTTT (https://ifttt.com), est un moyen gratuit de relier toutes les informations sur toutes les applications et les appareils, dans la perspective de construire « un monde plus connecté » (figure 8.14).

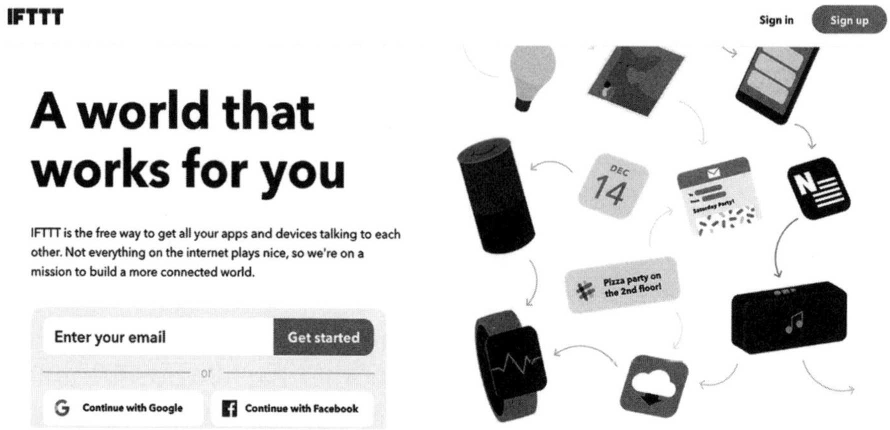

Figure 8.14 – Capture d'écran d'IFTTT

■ *Le principe d'automatisation, le trigger et l'action*

L'automatisation marketing permet aux marketeurs de simplifier leur travail en leur permettant de mettre en place une fois pour toutes des actions qui s'appliqueront automatiquement lorsque les contacts (leads, clients) rempliront les conditions définies pour recevoir les messages voulus. Les messages de ces campagnes seront également adaptés et personnalisés automatiquement.

Les triggers (ou déclencheurs) sont des objets de la base de données. Attachés à un tableau, ils vont déclencher l'exécution d'une instruction, ou d'un bloc d'instructions, lorsqu'une ou plusieurs lignes sont insérées, supprimées ou modifiées dans le tableau auquel ils sont attachés. Pour aller plus loin, il est fortement recommandé d'aller sur cette classe ouverte : http://urlz.fr/7zz6.

Nous voyons **les actions** possibles de Zapier au social media. Notamment le Tweet et le Retweet automatique, mais également la publication *via* Buffer (https://buffer.com/) de posts sur WordPress (et le contraire), ou l'ajout par Gmail à une queue Buffer ou à Facebook directement. Le bot, ou robot, est une entité informatique indépendante qui effectue des actions de sa propre initiative de Dobo.io (http://urlz.fr/7zzn) qui automatise les tâches sur LinkedIn. Il a pour finalité de générer des prospects plus rapidement, en augmentant la visibilité des profils LinkedIn des utilisateurs et l'engagement de la conversation avec leur cible. Pour générer plus de visibilité, les utilisateurs peuvent automatiser les visites de leur cible sur LinkedIn. La cible est avertie lorsque l'utilisateur visite son profil, et 30 % des cibles visitent le profil de nos utilisateurs. L'utilisateur peut automatiser différents types de messages qui seront envoyés à leur cible/ contact en fonction de différents éléments. Le bot LinkedIn (LinkedIn assistant), automatise les actions chronophages sur LinkedIn telles que : visiter, contacter et consulter les profils de messagerie. Squarelovin (http://urlz.fr/7zzs) est un site qui permet d'analyser gratuitement les données pour le réseau social Instagram. Il transforme le contenu généré par l'utilisateur en un atout de marque, et permet à l'utilisateur de profiter d'un contenu authentique de personnes réelles qui l'inspirent en tant que « preuve sociale » et « personne de confiance » sur tous les canaux, un influenceur en somme.

▪ *Analytics et optimisation du site d'e-commerce*

Les analytics permettent de renseigner les marketeurs en isolant instantanément des segments, par exemple les vegans ou les amateurs d'un produit de luxe, en indiquant les formats et les canaux auxquels ils sont les plus sensibles aux marques pour lesquelles ils travaillent. Grâce à ces analyses, ils réalisent des études plus difficiles à mettre en place avec les méthodes d'études classiques, étant donné les tailles de panels souvent trop réduites pour être véritablement représentatives.

L'essentiel

- Ainsi que nous l'avons vu, une fois le site d'e-commerce mis en place, il devient indispensable d'analyser le trafic généré, que les visiteurs proviennent de réseaux sociaux, de moteurs de recherche, d'applications ou de la saisie d'une adresse Web dans le navigateur.
- De nombreux outils existent, les principaux étant présentés dans ce chapitre, à commencer par Google Analytics.
- Les indicateurs de performance clés (KPI) vont orienter l'utilisation de ces outils, après que les objectifs stratégiques aient été clairement définis.

Chapitre 9

Accroître la performance du site

Objectifs du chapitre

- **Le trafic Internet mobile** dans le monde présente les zones où l'e-commerce pourrait se développer, en faveur du commerce local.
- **Notre utilisation du mobile** est basée sur quelques piliers, parmi lesquels l'immédiateté et l'aspect personnel ressortent, permettant de comprendre l'importance des micro moments pour toucher les consommateurs.
- **Le micro moment** permet d'atteindre le consommateur dans une phase où il est réceptif, comme pendant les vacances, au détour de vignobles… Une étude sur les objets connectés est présentée montrant l'intérêt de rencontrer les professionnels pour réincarner l'acte d'achat et le transformer en une expérience multisensorielle.

- **Présentation** de ce qu'est un « micro moment », à ne pas confondre avec du « *temps de cerveau humain disponible* ».
- **L'exemple du commerce collaboratif** mettant en relation producteurs, consommateurs et amis sur les réseaux sociaux permet d'entrevoir un modèle économique… et social d'e-commerce.
- **L'avis d'un expert en commerce sur mobile** est présenté, afin de comprendre pourquoi le commerce mobile est bien plus important que l'e-commerce.
- **La vitesse de chargement** des pages étant l'une des variables fondamentales du e-commerce, des outils destinés à améliorer le temps de chargement des pages du site sont présentés.
- **Finalement,** nous voyons une des pratiques du numéro 1 du e-commerce chinois JD.com avant de conclure sur un parallèle avec le numéro 1 du e-commerce américain et ses magasins Amazon Go.

De Deliveroo à Uber Eats ou comment le local peut favoriser l'e-commerce

En 2018, le mobile garde sa place que ce soit en Europe ou aux États-Unis et en Chine dans le quotidien des utilisateurs. Essentiel à tous les moments de la journée, aussi bien pour communiquer, rechercher des produits ou des services sur les sites Web marchands, avis et autres commentaires laissés sur les UGC, que pour un produit ou un service, le mobile est partout. Mais la donne est en train de changer, notamment grâce aux objets connectés (IoT) et aux nouvelles possibilités que les réseaux sociaux offrent, permettant la rencontre des consommateurs et des producteurs de manière facilitée, ce qui tend à diminuer les intermédiaires et les problèmes de logistiques, si gênants pour l'e-commerce.

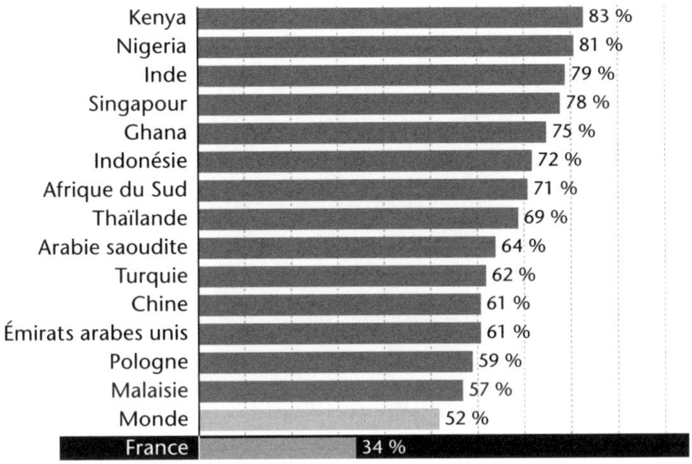

Figure 9.1 – Trafic Internet mobile en pourcentage du trafic Web total à partir de janvier 2018[1]

Cette statistique illustre le trafic Internet mobile en pourcentage du trafic Web total à partir de janvier 2018, par pays. À partir de cette date, les téléphones mobiles représentaient 79 % des pages vues en Inde. Le Kenya a été classé premier avec des appareils mobiles générant 83 % du trafic Web. La France représente 34 % de ce trafic sur mobile, c'est moins que la moyenne mondiale, située à 52 %, du fait d'un grand nombre de foyers connectés permettant d'accéder à Internet depuis un ordinateur. Viennent ensuite des pays d'Asie comme la Thaïlande, ou d'Afrique comme le Ghana, où l'infrastructure permettant d'accéder à Internet de manière ubiquitaire – tout le temps, partout – existe, où les interfaces permettant de consulter les pages Web et surtout les réseaux sociaux existent, mais où l'e-commerce n'est pas encore beaucoup développé. Une manne pour les entreprises qui veulent s'exporter, à condition de connaître les consommateurs sur place,

1 Source : http://urlz.fr/7FR5

leurs comportements, leurs droits, les manières de distribuer sans entrave les produits qu'ils ont commandés, le tout pour faire des affaires dans une relation de confiance. Place au commerce de proximité, *via* le digital.

La progression du trafic mobile se fait aussi sentir dans les pays d'Europe comme en Allemagne, en France et au Royaume-Uni ainsi qu'aux États-Unis et en Chine, mais de manière plus sensible car aucun de ces pays n'apparaît en haut de liste sur le graphique présenté (figure 9.1). Malgré cette pénétration du mobile, les taux de conversion ne sont pas encore tout à fait au rendez-vous par rapport aux chiffres de la vente sur ordinateur, notamment sur *desktop* (ordinateur de bureau).

Plusieurs raisons peuvent expliquer le décalage qui existe entre la vente sur ordinateur et la vente sur mobile. Parmi ces raisons il faut voir que sur mobile, les visiteurs n'ont pas les mêmes besoins. Le contexte occasionne le besoin. En pause, au travail, au lit, dans les transports, à l'arrière d'un scooter, les questions ne sont pas les mêmes et donc les intentions des utilisateurs varient. L'intention d'acheter, l'intention de recommander un produit ou un service en partageant sur les réseaux sociaux ou l'intention de revenir pour finaliser un achat initié préalablement, l'intention de rechercher un magasin à proximité de là où je suis ou encore de retrouver un avis sur un produit ou un service qu'on avait lu et qui nous avait semblé si intéressant... : les intentions varient.

Immédiateté. C'est le mot qui ressort de notre utilisation du smartphone. Parce que nous sommes influencés par le contexte, l'environnement, les gens qui nous entourent, notre utilisation du mobile varie par rapport à celle que nous avons de l'ordinateur. La lecture reste importante entre les deux types d'écrans, mais sur mobile elle est plus rapide, plus superficielle peut-être, même si cela reste à vérifier. Le nombre de connexions occasionnées par jour révèle que l'immédiateté et la rapidité de réponse attendue constituent les points d'orgue de notre usage du mobile.

Personnel. L'image que nous avons d'un téléphone portable reste que cet objet est personnel. La multitude d'applications téléchargées, les comptes ouverts sur les réseaux sociaux, sur les sites Web, qu'ils soient marchands ou non, témoignent de notre profil de manière très précise : par conséquent, ce support est personnel et doit le rester. De ce constat ressortent les micro moments qui correspondent à ces moments entre deux tâches où le téléphone devient le compagnon principal de l'utilisateur. Par conséquent, le fait de cibler un utilisateur possédant un smartphone nécessite d'orienter le message vers un profil et un seul. Pour cela les analytics peuvent rendre un grand service. Ils aident les analystes à voir ce que fait un visiteur au détour d'une landing page ou de l'utilisation de Google Maps, lors de la mise en place du système de sécurité de paiement ou après l'envoi d'un SMS confirmant une action. Il est en effet possible de savoir si un utilisateur est en phase de découverte par exemple et à ce moment-là, de se demander si l'interface du site lui permet d'obtenir toutes les informations qu'il recherche. Les analytics permettent ceci.

Si des recherches effectuées sur un produit amènent le visiteur à se rendre dans un magasin afin de décider de l'achat ou non du produit visité sur le site Web, la marque doit être là pour accompagner le visiteur et l'aider dans son choix. Dans le cas où le produit ou le service est délibérément choisi et qu'il ne reste plus à l'utilisateur qu'à choisir l'endroit où aller acheter le produit, des systèmes de LBS (*Location Based Services* – systèmes de géolocalisation) doivent s'activer sur le téléphone intelligent…

Tous ces types de rapprochements entre la marque et le visiteur indiquent à celle-ci le type de contact qui a été établi. Et la marque doit être prête à bien identifier le contexte d'usage où se trouve l'utilisateur pour tenter de saisir l'instant et faire de ce micro moment un réel moment où l'expérience utilisateur vécue est totale. Que cela soit pour faire gagner du temps, faire économiser de l'argent, faire connaître un nouveau produit ou faire gagner un coupon, un cadeau ou n'importe quel autre incitatif à l'utilisateur devenant petit à petit consommateur de la marque. Le micro moment peut constituer l'objectif numéro 1 d'une marque pour s'établir sur mobiles. Ainsi, les micro moments peuvent exister dans le cadre de vacances, lors d'une balade en voiture, à proximité de vignobles… L'occasion de faire la découverte de producteurs récoltants, de déguster leur vin et de rencontrer d'autres amateurs de ce terroir par exemple.

Les objets connectés à la conquête des vignobles

Le consommateur est passé d'un commerce de bureau sédentaire à une personne dotée de capacités mobiles, créant des expériences uniques et multisensorielles, n'importe où et n'importe quand : c'est l'ère du commerce ubiquitaire. Le consommateur averti, en déplacement, non lié aux limites horaires et géographiques précédentes, utilise désormais les smartphones, les tablettes et tout type d'appareils portables pour visiter des sites Web et des applications d'e-commerce afin de découvrir, commenter, comparer et acheter des biens et services. L'accès à l'information a développé un cadre de consommateurs professionnels ou « pro-consommateurs » qui à la fois consomment et créent. Le consommateur créatif et responsabilisé nécessite que les producteurs changent avec les modèles et les technologies des consommateurs en évolution ainsi que leur désir d'expérience. La croissance des outils numériques a créé « une énorme opportunité que vous voyez déjà certains services saisir parce que, en particulier dans les centres urbains à forte densité et à grande échelle, il y a une population de foyers technologiques qui veulent et peuvent payer pour la commodité » (Bernot, 2017)[1]. Si un environnement « technologique » peut être la norme dans les zones urbaines, ce n'est pas forcément le cas dans les zones rurales. En particulier, les destinations viticoles rurales présentent des défis intéressants pour les touristes et les commerçants en raison des différences culturelles rurales et du manque d'infrastructures qui rendent la connectivité possible. Opérer sans connectivité numérique diminue l'expérience

• • •

1 Bernot K. (2017). « You've got booze: Alcohol delivery services aim to make ordering a six-pack as easy as as ordering a pizza. But what price do you pay for convenience? », publié le 18 octobre 2017, extrait d'Internet à http://urlz.fr/7zHE.

• • •

multisensorielle des consommateurs et entraîne des pertes d'opportunités pour les entreprises dans les destinations touristiques.

La création d'une expérience client multisensorielle est fondamentale pour l'œnotourisme. Chapuis (2017), chercheur en viticulture, viticulteur et poète, exprime avec éloquence ce que les touristes désirent : « Plutôt que de se comporter comme des consommateurs passifs, ils veulent apprendre, comprendre, partager, s'amuser et rêver… Le tourisme du vin conjugue le vin, le tourisme, les paysages, la culture, le patrimoine et la rencontre avec la population locale. » Les vignerons construisent des expériences multisensorielles pour leurs hôtes en les accueillant avec charme et en les invitant à profiter des vues sur le vignoble et le vignoble entourant le domaine. Déguster le précieux liquide avec le vigneron augmente le sentiment d'appartenance à une cohorte de personnes qui vivent un moment unique en appréciant et en discutant de la qualité d'un vin. Le vigneron est fier d'aider les clients à découvrir le domaine et les vins de l'essentiel de l'année tels que la vendange, à mettre en évidence les événements et les visites de vignobles. Le vigneron initie ses visiteurs à l'art de repérer les subtilités des meilleurs vins du domaine et les aide à comprendre comment choisir la bouteille parfaite. Les vignerons leur racontent aussi les histoires et les secrets des étiquettes, partagent les histoires de vignobles, leur font rencontrer les maîtres de chais et jettent un coup d'œil sur les vies remarquables vécues sur les terroirs du domaine viticole. Reflétant l'environnement bucolique d'une cave et les efforts du vigneron pour enchanter les invités, on peut considérer que le désir des touristes d'accéder à Internet est sans équivoque pour « l'expérience enrichie ». Les consommateurs souhaitent diffuser leurs réflexions sur Facebook, afficher leurs images vives sur Instagram, et télécharger leurs souvenirs sur YouTube pour réaffirmer, revivre et archiver leurs expériences.

L'utilisation intelligente des équipements numériques peut aider les destinations touristiques à améliorer les expériences des consommateurs comme nous l'avons vu précédemment avec *Feel the View*, de Ford (chapitre 5, p. 108).

Malheureusement, ces micro moments peuvent s'apparenter aux publicités auxquelles nous ont habitué les chaînes de télévision. Alors que nous sommes plongés dans un film ou un match de foot, le moment de publicités, qui est le micro moment dont nous parlons sur support mobile, qualifié par Patrick Le Lay, ancien président de la chaîne privée TF1 de « moment de cerveau humain disponible »[1], devient un moment pénible que nous fuyons du mieux que nous pouvons. C'est un petit peu ce qui se passe avec les publicités placées au début des vidéos sur YouTube (les annonces vidéo désactivables[2]), publicités que nous cherchons à éviter en les ignorant après les 5 secondes fatidiques imposées sur la majorité des vidéos que nous choisissons de regarder. Par conséquent, une bonne stratégie pourrait consister à savoir utiliser ces micro moments, de telle sorte que les usages spécifiques qui permettent d'augmenter les bénéfices du mobile soient saisis afin de transformer ces derniers en des opportunités utiles. Et ce pour que l'engagement des visiteurs devienne la bonne stratégie. Les recommandations sur les médias sociaux peuvent aider les consommateurs à rechercher des informations sur un produit complexe comme le vin et ainsi réduire le risque perçu. Les exemples de risques perçus parmi les plus importants demeurent le risque d'un produit endommagé, les risques financiers liés à la sécurisation du paiement et les risques de non livraison. La commodité de retourner les produits achetés en ligne et d'évaluer la qualité des produits présentés sur le site Web du vendeur compte parmi les opportunités recherchées par les consommateurs. Ci-après, un encadré est présenté permettant de comprendre un exemple de commerce, à la frontière entre e-commerce et rencontre de producteurs, destiné à aider les consommateurs qui envisagent d'acheter du vin à devenir des « intermédiaires sociaux pour le vin ».

---

1 « Il faut que le cerveau du téléspectateur soit disponible. Nos émissions ont pour vocation (...) de le divertir, de le détendre pour le préparer entre deux messages », *Dépêche AFP*, 9 juillet 2004, reprise notamment par *Libération* (10-11/07/04) : « Patrick Le Lay, décerveleur ». Source : http://urlz.fr/7zHL

2 Les annonces vidéo désactivables peuvent être ignorées par les utilisateurs après cinq secondes. Elles sont insérées avant, pendant ou après la vidéo principale. Grâce aux annonces TrueView In-Stream de YouTube, les annonceurs ne paient que lorsque les internautes regardent la fin du spot ou lorsqu'ils cliquent sur une carte ou d'autres éléments de la création In-Stream.

FICHE PRATIQUE

FAVORISER L'ENGAGEMENT PAR DES OFFRES COUSUES SUR MESURE : UNE APPLICATION DANS LE MONDE DU VIN

L'adoption d'Internet en tant qu'outil de marketing du vin présente un intérêt considérable pour les consommateurs et les canaux de vente au détail. Le processus de décision pour acheter du vin en ligne peut être très exigeant car il implique une recherche d'informations concernant les caractéristiques du produit avec un niveau élevé de crédibilité. L'utilisation d'Internet comme canal de commercialisation a donné naissance à un concept que l'on peut appeler « responsabilité sociale des entreprises virtuelles » (RSEV). La RSEV peut être définie comme l'utilisation stratégique par les entreprises vinicoles des technologies des réseaux sociaux pour engager de manière proactive les parties prenantes (amis/connaisseurs et autres) dans les activités de RSEV pour vendre des produits et services (Korschun et Du, 2013). En 2017, plus de 139 millions de résultats ont été produits par Google lorsque les mots « acheter » et « vin » ont été recherchés ensemble. Il est donc clair qu'il existe une énorme concurrence entre les producteurs de vin et les détaillants sur Internet. Certains sites permettent aux viticulteurs de promouvoir et vendre leurs produits collectivement (en partageant les coûts d'exploitation), tel que vigneron-independant.com[1]. Cependant, les limites du catalogue représentent une faiblesse pour des consommateurs qui, par exemple, veulent trouver un assortiment plus large ainsi que plus d'informations sur les vignerons. En effet, chaque producteur doit être en mesure de fournir 120 bouteilles pour commencer à travailler *via* cette plate-forme. Pour les consommateurs, chaque commande coûtera 15 € pour sa livraison dans les 48 heures. Dans de nombreux pays, les distributeurs/établissements vinicoles fournissent une livraison « gratuite » avec un volume minimum ou une valeur d'achat minimale. Malgré le fort intérêt et l'application généralisée des réseaux sociaux, il reste encore de la place pour offrir une meilleure qualité et un meilleur prix pour les bouteilles de vin, livrées

• • •

1 https://www.vigneron-independant.com/

avec moins de retard et des conditions plus avantageuses pour les acheteurs et les vendeurs.

Les résultats de l'étude conduite par Pelet et al. (2018) indiquent que ce mode de consommation où les consommateurs se rendent chez leurs amis présents sur les réseaux sociaux, pour goûter du vin et en acheter, rencontrer d'autres amis de leurs amis qu'ils ne connaissaient pas, mais qui aiment le même type de vin qu'eux, est largement porteur d'espoir en ce qui concerne l'utilisation des réseaux sociaux pour vendre et distribuer dans de meilleures conditions. L'e-commerce voit là un nouveau souffle grâce aux réseaux sociaux, à la géolocalisation, à l'utilisation des objets connectés, en référence à l'encadré écrit plus haut dans ce chapitre (p. 192).

Selon le magazine *Forbes*, l'économie collaborative est évaluée à plus de 3,5 milliards de dollars et gagne progressivement du terrain en tant qu'alternative au modèle capitaliste traditionnel. Cela peut s'expliquer par les transactions et les interactions facilitées par les blockchains, un registre numérique protégé par chiffrement qui valide les transactions et les interactions d'une manière qui ne peut pas être modifiée[1]. Selon un rapport publié en mars 2015 par la banque d'investissement américaine Piper Jaffray, ce nouveau domaine bouleversera les modèles existants, les entreprises cherchant à réduire leurs dépenses opérationnelles et à valoriser leurs actifs pour partager ou sous-traiter leurs besoins en main-d'œuvre. En partageant les coûts et en aidant les start-up, les entreprises révolutionnent leur marketing, leurs relations clients et leurs organisations entières. Basées sur des plates-formes de partage empruntées au modèle « Airbnb », elles proposent de nouveaux services, produits et modèles de gestion, et mobilisent l'énergie participative des individus. Ce phénomène de « uberisation » continue de croître, avec des individus qui se substituent aux professionnels.

Les commandes de groupe peuvent réduire considérablement le prix d'une bouteille de vin achetée dans un *brick & mortar*[2] ou en ligne. C'est une situation gagnant-gagnant parce que le client centralise tout : il devient un « négociant en vin social ». Il n'y a qu'un seul relais, les médias sociaux. Cela implique moins de frais, et les acheteurs paient également moins. Les négociants en « vins sociaux » peuvent recevoir

1 Rainie, L., & Anderson, J. (2017). « The Fate of Online Trust in the Next Decade », le 10 août 2017, extrait le 10/3/2017 de http://urlz.fr/7zHP.

2 Brick & mortar* : entreprise de vente traditionnelle ayant pignon sur rue.

des avantages commerciaux tels que des remises, des échantillons ou des offres privées du producteur de vin *via* les réseaux sociaux pour chaque commande approuvée. L'utilisation de sources de récompenses, de référents, de personnes légitimes et expertes diminue les conflits et augmente la satisfaction dans les canaux de distribution. Chaque client doit avoir préalablement créé un profil sur les réseaux sociaux ou sur la page d'un réseau social existant. L'emplacement et les préférences d'un site Web de commerce électronique peuvent être indiqués lors de l'inscription. Un calendrier de disponibilité est fourni aux acheteurs pour récupérer leurs commandes. Lors de l'achat, le consommateur indique ses identifiants de médias sociaux, et une liste de « dépositaires » potentiels est proposée. Le consommateur choisit le « viticulteur social » le plus proche de sa position ou le plus fiable en fonction des notations en ligne. Le producteur est alors averti de la réception au « dépositaire ». Ce système permettrait au consommateur d'obtenir des vins à des prix identiques à ceux du domaine, tout en réduisant fortement les coûts de distribution pour le vigneron. Cela contribuerait à augmenter les ventes et à couvrir les zones mal desservies en termes de distribution physique.
Ce système est rendu possible grâce à une interface GPS (*Global Positioning System*) disponible sur les réseaux sociaux, qui permet de visualiser l'emplacement de tous les experts qui servent de dépositaires pour les autres membres du réseau. Pendant ce temps, le bouche à oreille augmente rapidement la taille de la communauté des connaisseurs.
La mondialisation modifie la demande de vin ; surtout en France où ces produits « Made in France » sont d'une grande importance. De plus, l'utilisation croissante des appareils mobiles favorise cette poussée et semblerait conseiller davantage d'investissements et se concentrer sur les entreprises afin de promouvoir une expérience d'achat améliorée (Pelet et Lecat, 2014). Dès que les médias sociaux peuvent offrir une vaste sélection de langues pour que les utilisateurs du monde entier puissent interagir avec la plate-forme, il est possible de localiser géographiquement les membres grâce à la carte de l'API Google, très simple à installer. Il est déjà facile pour un consommateur de localiser le lieu de production du vin, il sera encore plus facile pour les consommateurs de trouver d'autres amateurs de vin qui ont signalé sur leur page où ils vivent par rapport au producteur. En effet, les réseaux sociaux peuvent faciliter le lien entre le vendeur et le consommateur.

•••

• • •

> Ce même producteur peut offrir des outils pour les connaisseurs enregistrés permettant de faciliter le contact *via* le GPS ou les applications basées sur la localisation et ainsi trouver des points d'achat possibles. Les points d'achat, ou les points d'intérêt en général, et les informations connexes sont gérés par des fans ou des amis/abonnés. Ces derniers comprennent des personnes qui ont la confiance des autres sur les médias sociaux et pourraient représenter une conceptualisation établie des négociants en vins sociaux, telle qu'imaginée par Pelet et al. (2018).
>
> Ce travail ne parvient pas à répondre à toutes les questions découlant de la mise en place de la conceptualisation de ce négociant social. Les conflits dans les canaux de distribution sont omniprésents et découlent de l'interdépendance naturelle inhérente aux relations d'échange interentreprises ou aux relations d'échange « entre amis » dans le cas des réseaux sociaux. Ainsi, les éventuels conflits qui pourraient être surmontés grâce à la présence bénéfique d'experts constituent un sujet qui n'a pas été abordé. En effet, l'utilisation d'une source d'influence légitime, les experts dans ce cas ou les influenceurs dans d'autres, peut être un moyen efficace de gérer les conflits.

Pour parvenir à une telle démarche consistant à stimuler l'achat dans les micro moments, le parcours du visiteur doit être simplifié en jouant notamment sur l'ergonomie, sur l'esthétique et le design du site, sur son accessibilité et donc sur toutes les variables qui vont permettre au consommateur de se sentir aidé et d'avoir des démarches facilitées lui permettant de se sentir en confiance pour accéder à ce qu'il désire. Rien ne doit être laissé au hasard, y compris au niveau des différents documents servant à rassurer le visiteur, que ce soit au moment où il accède au panier d'achat – il doit être simple, très interactif et facile à modifier, que ce soit pour ajouter ou supprimer un item –, lorsqu'il choisit de lire les mentions légales et autres conditions générales d'utilisation (CGU) – elles doivent être simples, claires, sûres et faciles à parcourir, écrites dans un français ne nécessitant pas le recours à un livre de loi. Ou encore quand on lui indique de remplir des champs pour indiquer ses coordonnées ou au cours du paiement, lors du fameux tunnel d'achat – ces champs doivent pouvoir être remplis sans qu'on utilise une loupe ou un microscope électronique. Toutes ces étapes doivent être considérées de façon minutieuse.

Au lieu de penser au mobile comme point de vente, il est préférable de repenser au mobile comme levier de conversion et ainsi se souvenir qu'un mobile peut rentrer dans un magasin où il peut être localisé grâce à l'utilisation du GPS, ce qui apporte toute une gamme d'informations quant au profil du visiteur, à ses positionnements, à sa fréquence de visite de magasins, aux rendez-vous éventuels dans un magasin donné, à des achats effectués chez les concurrents ou encore à des commentaires laissés sur les réseaux sociaux.

Avis d'expert

BERTRAND JONQUOIS, administrateur de la Mobile Marketing Association France (MMAF) en charge de la Commission Commerce Mobile | Paris France

LE COMMERCE MOBILE EST BIEN PLUS IMPORTANT QUE L'E-COMMERCE !

Pour comprendre le poids réel du « Commerce Mobile », il est important de dépasser l'idée communément admise qu'il se résume au « e-commerce sur smartphone ». Le smartphone joue évidemment un rôle de plus en plus important dans nos achats en ligne. L'objectif de cet encadré est de mieux comprendre l'influence du smartphone sur l'ensemble de nos achats en ligne (*online*) et en point de vente (*offline*) :

- *Online* : Nous présenterons donc l'influence grandissante des achats en ligne *via* les applications ou les sites mobiles de e-commerce (comme Amazon, OUI.sncf, Fnac ou Sephora...) mais nous intégrerons également l'achat « in-app » de jeux, de musique ou vidéo (comme Candy Crush, Spotify ou Netflix...).
- *Offline* : Nous ajouterons la mutation programmée du smartphone en terminal

• • •

• • •

de paiement en magasin (Paiement Mobile) et l'influence, difficile à mesurer mais bien réelle, du smartphone sur les décisions d'achat en points de vente (choix du magasin ou du produit, comparaison des informations produits ou des prix, dématérialisation des programmes de fidélité et de promotions…).

Nous considérerons le « Commerce Mobile », non pas comme un sous-ensemble du e-commerce, mais comme un nouvel écosystème qui accompagne les consommateurs tout au long de leur parcours d'achat. Pour déterminer le poids du commerce mobile, il est nécessaire d'étudier quatre types d'achats bien distincts :

L'e-commerce sur son smartphone : l'achat de biens et services *via* son smartphone

Avec 37,5 millions d'acheteurs en ligne, soit plus de 85 % des internautes français selon les chiffres clés 2018 de la Fevad[1], l'e-commerce est maintenant au cœur des usages des internautes. Selon cette même étude, l'habillement, la mode, les produits culturels, les voyages, sont les produits les plus achetés sur Internet en 2018. L'achat en ligne *via* son smartphone représente déjà plus de 21 % du e-commerce en France en 2018 selon la Fevad, plus de 30 % selon une étude de Critéo[2], qui intègre les achats *via* les sites mobiles et les applications mobiles des commerçants. Selon cette même étude l'achat en ligne *via* son smartphone dépasse déjà les 50 % en Chine et aux États-Unis. Avec des consommateurs de plus en plus « Mobile First », les achats *via* les applications ou les sites mobiles de e-commerce représenteront rapidement plus de la moitié des ventes en ligne partout dans le monde.

L'achat « in-app » : l'achat de jeux, de musique et de vidéo *via* une application mobile

Historiquement les services de personnalisation (logos et sonneries) ont été extrêmement populaires. Ils ont été remplacés par les achats « in-app » qui font désormais partie de « l'ADN » du smartphone. Ces achats sont principalement concentrés sur les applications de jeux, de musique en streaming ou de vidéo en ligne comme Candy Crush, Pokemon Go, Fortnite, Spotify ou Netflix.

Les dépenses des consommateurs sur les App Store (IOS & Google Play) selon App Annie[3], représentent

• • •

1 Fevad. (2018). Les chiffres clés du e-commerce 2018 – Extrait d'Internet à http://urlz.fr/7zl4

2 Critéo. (2017). Global Commerce Review – Extrait d'Internet à http://urlz.fr/7zl7

3 App Annie. (2018). Rétrospective 2017 : une année extraordinaire pour l'app économie, – Extrait de http://urlz.fr/7zla

86 milliards de dollars en 2017 dans le monde. Apple a confirmé ces chiffres en publiant qu'en 2017 l'App Store a généré 26,5 milliards de dollars de revenus pour les développeurs d'applications. L'achat « in-app » dans les App Store représente donc bien une forme nouvelle de commerce, avec de nouveaux acteurs, complémentaire au « e-commerce sur smartphone ».

Le paiement mobile : le paiement en points de vente *via* son smartphone

Le marché du paiement mobile de proximité (en point de vente) devrait concerner plus de 830 millions de consommateurs dans le monde selon eMarketer en 2018[1], soit plus d'un utilisateur de smartphone sur trois.

Trois types d'acteurs du paiement mobile ont été identifiés par une étude de Gartner[2] :

- Les fabricants de smartphones ou du système d'exploitation du smartphone comme Apple Pay, Google Pay, Samsung Pay…
- Les Banques et les FinTech : PayPal, WeChatPay, Alipay, PayLib, Atsukè ou Lydia…
- Les *retailers* ou les réseaux de points de vente : WalMart Pay, Carrefour Pay, Monop Easy ou l'App Starbucks.

En pleine mutation, avec une multitude d'acteurs présents, le paiement mobile devrait concerner un consommateur sur deux dans les principaux marchés matures selon Gartner[2].

Figure 9.2 – La start-up Atsukè lance sa technologie de paiement mobile par SMS pour le transport à Rouen

1 eMarketer. (2018). Global Proximity Mobile Payment Users: Estimates for 2016–2021 – Extrait d'Internet à http://urlz.fr/7zle

2 Gartner. (2015). Know Your Customers to Capture Opportunities in the Personal Technologies Market – Extrait d'Internet à http://urlz.fr/7zlj

• • •

L'influence du smartphone sur les achats en point de vente

En réponse à la question : « Que font les clients sur mobile en phase d'achat ? » il apparaît que les usages sont très divers mais portent essentiellement sur l'aide à la décision[1]. Les études[2] montrent également que le mobile joue un rôle en magasin avant ou pendant l'achat, notamment avec la comparaison de prix (74 % des consommateurs), la recherche de promotions (74 %), la consultation d'avis (72 %) ou la vérification de disponibilité (67 %). L'étude pointe également la montée en puissance du mobile pour s'informer sur un point de vente (70 %) ou le localiser (38 %) et la capacité du mobile à devenir un véritable outil transactionnel en point de vente. Compagnon de nos déplacements en magasins et dans les transports, notre smartphone joue désormais un rôle déterminant dans nos décisions d'achat en point de vente. L'e-commerce représente 8,5 % de commerce de détail en France en 2018 selon la Fevad[3]. Contrairement aux idées reçues, les consommateurs continuent de privilégier le point de vente pour la très grande majorité de leurs achats. Le véritable changement provient du smartphone qui équipe plus de 70 % des consommateurs[4] et qui nous accompagne dans l'ensemble de nos parcours d'achat. Il nous transforme en un « consommateur connecté » et nous fait entrer dans le monde du « Commerce Mobile ». Un « Commerce Mobile » (*online* et *offline*) qui est déjà bien plus important que l'e-commerce.

Le mobile n'étant pas le seul maillon de la chaîne qu'utilisent les visiteurs avant d'acheter, il est important de considérer les autres maillons, qu'ils soient digitaux – visite d'un site sur un ordinateur ou sur une tablette – ou qu'ils soient hors supports numériques, et à ce moment-là les médias de masse tels que

1 MMAF collectif (2018). Mobile Marketing YearBook – Extrait d'Internet à http://www.mmaf.fr/publication/mobile-marketing-yearbook-2018

2 RetailMeNot (2015). En collaboration avec le Centre for Retail Research, Online and Mobile shopping in Europe and North America – Extrait d'Internet à http://urlz.fr/7FRx

3 Fevad (2018). Les chiffres clés du e-commerce 2018 – Extrait d'Internet à http://urlz.fr/7zl4

4 ARCEP (2017). Baromètre du numérique – Extrait d'Internet à http://urlz.fr/7zlz

l'affichage, la radio, la télévision, la publicité au cinéma, dans les abribus, dans le métro, dans la rue, dans les magasins, bref, partout, peuvent devenir le deuxième maillon nécessaire à l'engagement et à la conversion.

Étant donné les différents services que rend le téléphone, que ce soit pour acheter, lire, apprendre, pour communiquer, pour trouver l'âme sœur, pour éviter de se perdre et donc accéder à un endroit par le moyen de transport le plus adapté, ou autre, l'objectif est de comprendre que les interactions entre utilisateurs et smartphones ne sont pas toutes orientées vers l'e-commerce. Partant de ce constat, toutes ces expériences doivent être prises en considération pour favoriser l'intention d'acheter.

Parce que le temps passé sur mobile lors d'un achat est aussi long que sur ordinateur, il semble plus intéressant d'inciter à acheter sur support mobile, vu que le temps passé est quasi similaire et ce quelle que soit la taille de l'écran. Le mobile est davantage utilisé pour atteindre des pages précises grâce à l'utilisation que nous faisons des requêtes sur le moteur de recherche ou *via* les clics sur le lien posté par des amis ou autres contacts sur les réseaux sociaux. Par conséquent, la place accordée aux moteurs de recherche est plus importante que sur ordinateur et indique que les parcours qui convertissent soient plus courts sur mobile étant donné l'objectivité avec laquelle les visiteurs utilisent leur mobile. En effet, ils vont droit au but avec un appareil qu'ils maîtrisent de mieux en mieux.

Compte tenu du nombre de pages consultées pour visiter les sites Web marchands, le micro moment nécessite que les contenus soient adaptés au format mobile, pas uniquement sur l'aspect responsive qui est induit mais par rapport au contenu textuel, aux images, vidéos et au format qu'ils entraînent, orientés vers des formats courts et rapides à télécharger. L'expérience va consister à faire vivre des micro moments permettant aux visiteurs de s'imprégner de tout ce que la marque peut renvoyer afin qu'elle persiste dans la mémoire de ce dernier. Le simple fait de consulter son smartphone, quel que soit le moment de la semaine et quel que soit le moment de la journée et de la nuit, permet de se rendre compte de certaines visites sur des sites Web et ainsi d'apporter à la marque de nouvelles informations beaucoup plus intéressantes sur les envies du consommateur, ce que son ordinateur permettait jusqu'alors de renvoyer.

Parmi les critères notables à prendre en considération, le temps de chargement du site mobile est très important, notamment si l'on considère le « *speed update* » de Google qui consiste à voir affiché intégralement un site en moins de 3 secondes pour être considéré comme un site performant. Afin de savoir quel est le temps de chargement d'un site, l'outil GTmetrix (https://gtmetrix.com/) constitue une aide utile (figure 9.3).

Figure 9.3 – Test de performance de la page www.kmcms.net sur GTmetrix

Test my Site (http://urlz.fr/5yfY) de Google peut aussi conseiller les concepteurs concernant la page d'accueil ainsi que les pages importantes du site, étant donné que chacune a un contenu unique avec ses propres performances, ses propres temps de chargement (figure 9.4).

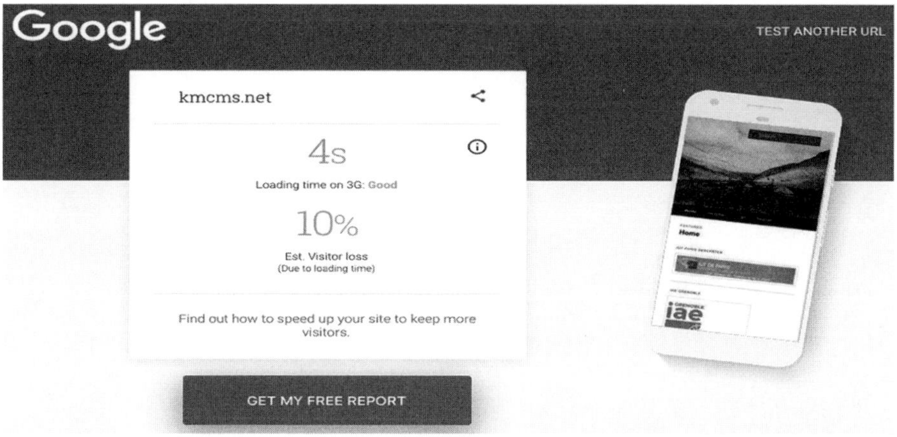

Figure 9.4 – Test de performance de la page KMCMS.net sur Test my Site[1]

JD.com : le géant chinois du e-commerce

Parmi les grands acteurs de la logistique et du e-commerce, JD.com, géant chinois du domaine, en est un qui pourrait donner l'exemple aux commerçants Français. Florent Courau, directeur général France de JD.com, explique dans un entretien donné au magazine *Ecommerce* en 2018[2], que les capacités logistiques de JD.com représentent un point structurant de leur offre. En dehors du fait que l'enseigne se targue de ne pas vendre de faux car très vigilante sur la contrefaçon, elle affiche une clientèle urbaine et aisée plutôt masculine, mais surtout une logistique « *faite en propre et maîtrisée* » au sein de JD.com. Sa puissance logistique permet ainsi de couvrir 99 % de la population chinoise *via* près de 7 000 centres de livraison. Adeptes des drones suite à des milliers de vols d'essai, l'objectif de JD.com *via* le programme « JD drone » consiste à délivrer les avantages du commerce électronique aux communautés rurales isolées de Chine (figure 9.5).

1 Source : www.kmcms.net.

2 JD.com part à la conquête de la France. Publié par Martine Fuxa le 17 avril 2018, publié sur Internet à http://urlz.fr/7zlO.

Figure 9.5 – Un drone transportant un colis arrive sur un site de débarquement de marchandises à Xi'an, dans le nord-ouest de la Chine, le 20 juin 2017[1]

Pour cela les drones partent livrer des commandes depuis les centres de livraison régionaux jusqu'aux points relais des villages. Aujourd'hui, 60 itinéraires de drones sont déjà opérationnels. Trois canaux de distribution existent au sein de JD.com, parmi lesquels un canal dédié au luxe avec une application baptisée « TopLife » à l'adresse des grandes marques de luxe et disposant d'un entrepôt ultramoderne et sécurisé à Shanghai. L'objectif est de permettre aux marques de luxe de s'exprimer en fonction de leur identité avec leur expression artistique et culturelle, explique Florent Courau.

D'autres innovations sont à remarquer du côté de l'enseigne JD.com comme par exemple la reconnaissance faciale, à l'heure actuelle en test dans quatre magasins chinois. Lors d'une première visite dans un de ces magasins, le consommateur doit venir avec son smartphone et son visage est pris en photo puis intégré dans une base de données. Le consommateur peut ensuite faire ses courses en se promenant les mains dans les poches sans forcément avoir d'argent, de carte de crédit ou d'autres moyens de paiement : le seul

1 Source : Extrait d'Internet le 12/07/2018 à http://urlz.fr/7zIQ.

fait qu'on reconnaisse son visage permet automatiquement au paiement d'être effectué.

Mettre la technologie au service des marques, des vendeurs, des clients tout en réincarnant l'acte d'achat. Tel semble être le créneau du commerce électronique enrichi de services, de techniques et d'outils, allant de l'intelligence artificielle aux réseaux sociaux en passant par des techniques dignes de savoureuses énigmes policières comme la psychométrie le permet (lire l'introduction pour comprendre l'énigme Cambridge Analytica-Facebook). Sans oublier bien entendu les mobiles de plus en plus précis et localisables pour offrir des services et des produits correspondant exactement aux attentes de visiteurs et de consommateurs en fonction du micro moment de la journée où ils sont sollicités.

Un constat s'opère : l'innovation court, l'e-commerce trottine et le consommateur marche en tenant un smartphone dans la main. L'ouverture à la fin de janvier 2018 du magasin Amazon Go, premier supermarché sans caisse, laisse entrevoir le *retail** de demain : un compte sur Internet permettant d'être reconnu en magasin, la reconnaissance faciale et un achat simplifié sans besoin de carte bancaire, de téléphone ni d'empreinte digitale : il suffit de pénétrer dans l'enceinte du magasin pour que déjà, tous nos faits et gestes soient enregistrés, notre compte débité. Algorithmes, *machine learning*, intelligence artificielle, caméras, tout y est. C'est rapide, fiable… mais un petit peu froid. Il n'est pas certain que toutes les cultures embrassent cette forme de consommation tant le recours à un vendeur reste important pour de nombreux consommateurs et qu'un parcours d'achat trop déshumanisé risque de poser problème.

À l'inverse, l'accompagnement et le conseil semblent faire mouche. Et pour cela les réseaux sociaux, parce qu'ils permettent une connaissance fine des utilisateurs, peuvent réchauffer cette froideur technologique. L'objectif consistant à faire vivre une expérience de consommation totale si ce n'est extraordinaire. Cette convergence réussie entre *retail* et digital, entre magasins et Internet, nécessite davantage de connaissance du client, non pas lorsqu'il est connecté uniquement, mais quand il se trouve en situation de shopping, dans ou en dehors du magasin. Des stages de vendeurs dans des centres de remise en forme s'imposent, pour qu'ils apprennent à rencontrer les clients, qui en savent parfois plus qu'eux sur les produits et services qu'ils vendent.

L'essentiel

- Ainsi que nous l'avons vu, un site d'e-commerce performant peut profiter d'une manne locale si le GPS est permis et savamment utilisé par la marque, c'est-à-dire non intrusif et respectant la vie privée du consommateur.
- Le mobile reste l'outil clé qui favorise l'accès au triptyque LBS (*Location Based Services*) – UGC (Contenu Généré par les Utilisateurs) – site Web/App/PWA (Progressive Web App), et permet plus de ventes en ligne ou en magasin... ou chez l'habitant.
- Cet e-commerce jouissant de l'économie collaborative grâce aux réseaux sociaux pour le moment, peut être renforcé grâce à l'Internet des objets (IoT), dans une optique de faire vivre une expérience extraordinaire à l'utilisateur.
- Le dernier kilomètre du produit acheté, celui de la livraison, pourra se faire à vélo ou embarqué à dos de drone... comme en Chine avec JD.com.

Les experts du livre, qui sont-ils ?

Jérôme Guibourgé, consultant, enseignant et chercheur associé au CeReS de Limoges

Expert depuis trente ans en contenu de marque, enseignant et chercheur associé au CeReS de Limoges, Jérôme Guibourgé mène trois thématiques de recherche : l'humour, les valeurs et le design (*L'entreprise entre valeurs techniques et valeurs sociales*, L'Harmattan, 2015 ; *Comment le design intuitif communique-t-il ?*, MEI, 2017). Dans son dernier livre, mêlant apports théoriques et analyses de cas pratiques, Guibourgé nous propose de découvrir le procès de l'humour. Ce livre est illustré par de nombreuses publicités et des synthèses rythment les avancées sémiotiques.

Bertrand Jonquois, enseignant & formateur, Serial Entrepreneur dans le digital et administrateur de la Mobile Marketing Association France

Responsable du programme « Digital Marketing & Data Analytics » à l'École de management Léonard de Vinci (EMLV). Cofondateur d'Atsukè, une start-up française qui crée des solutions de mobile ticketing pour le transport et les *smart cities*. Administrateur de la Mobile Marketing Association France en charge de la commission Commerce Mobile.

Bocar Kanté, avocat

Bocar Kanté est docteur en droit et avocat au Barreau de Paris, avec une expérience sur les questions de droit du patrimoine culturel et droit de l'environnement. Il a déjà occupé le poste de coordinateur de projet de recherche et celui d'assistant de cours. Il enseigne également à l'université le cours de « droit des technologies de l'information et de la communication » en France et le cours de « droit des musées » au Sénégal.

Jean-François Nogier, pourquoi les sites de e-commerce se ressemblent-ils tous ? Usabilis

Docteur ingénieur en informatique, Jean-François Nogier a mené la moitié de sa carrière chez IBM et Thales. Il a fait partie des premiers à pratiquer la démarche UX en France. Fondateur de l'agence de conseil Usabilis (www.usabilis.com), il accompagne les entreprises dans la conception des produits numériques. Jean-François Nogier a enseigné l'UX design à l'université Paris-Dauphine, à Télécom Sud-Paris et à Supélec.

Hubert Wassner, Chief Data Scientist à AB Tasty, leader européen de logiciel de testing

Hubert Wassner est ingénieur dans le domaine de l'analyse de données. Après avoir travaillé sur des données biométriques, d'ADN, des réseaux sociaux, et dix ans en tant qu'enseignant en école d'ingénieur (ESIEA) sur les sujets de l'algorithmique et du *machine learning*, il étudie maintenant des données comportementales sur le Web. Il est aujourd'hui Chief Data Scientist chez AB Tasty depuis quatre ans. Hubert fait partie de l'équipe présente à Station F dans le cadre du programme commun entre Microsoft et INRIA, portant sur l'intelligence artificielle.

Philippe Yonnet, président de l'agence Search Foresight

Philippe Yonnet a occupé pendant trois ans le poste de Directeur Général Adjoint de l'agence de conseil en référencement Aposition/ Isobar, après avoir dirigé pendant six ans le département Internet de Vocatis (Studyrama). Le référencement est sa passion depuis 2003. Philippe est retourné ensuite chez l'annonceur de 2010 à 2012, pour aller travailler à Londres en tant que Directeur SEO International, pour W3 Inc (Vivastreet) d'abord et Twenga ensuite. En septembre 2012, Philippe Yonnet fonde avec le groupe Mymedia l'agence Search Foresight dont il est aujourd'hui le CEO.

Glossaire

A/B testing

> Pratique expérimentale visant à mesurer objectivement l'efficacité d'un processus. Sur le Web, en particulier pour les sites d'e-commerce, on peut mesurer l'efficacité d'un site grâce à ses ventes. Le trafic du site Web est divisé en deux branches pour lesquelles seront exposées deux versions différentes du site, on parle de variations qu'on appelle A et B. Souvent, la variation A est la version originale, et B est une modification du site visant à tester une hypothèse. Par exemple, l'hypothèse peut être que la fiche produit est mal conçue. Dans ce cas, la variation B est une refonte de la structure de ces pages dont on teste l'efficacité. À la fin de la période de test, les données récoltées durant l'expérience sont analysées avec des tests statistiques pour savoir quelle version est la plus efficace. Si l'hypothèse est validée, la variation B est alors appliquée à l'ensemble du trafic.

Ad Exchange

> Appelé également « place de marché ». C'est une plate-forme technologique, qui optimise l'achat et la vente d'inventaire publicitaire display dans un environnement ouvert, en temps réel, sur un principe de mise aux enchères de chaque impression publicitaire. Principaux Ad Exchanges : DoubleClick Ad Exchange (Google), Hi-Media Ad Exchange, Microsoft Ad Exchange, Orange Ad Market (Orange), Orbit (Horyzon), Right Media Exchange (Yahoo!), Weborama Ad Exchange.

Ad network

> Réseau publicitaire qui agrège et vend l'inventaire de plusieurs éditeurs en son nom (inventaire exclusif et/ou non). Vente des sites en premium (site dédié), en pack (thématique ou ciblé) ou en réseau (offre performance).

Ad Server

> Destiné à gérer les campagnes de publicité sur Internet. Les volumes et les emplacements des espaces publicitaires (bannières, skyscrapers, etc.) sont gérés et comptabilisés par cet Ad Server. Il fournit les statistiques de campagnes qui peuvent être consultées par les différents acteurs concernés.

AMOLED

> L'écran AMOLED (*Active-Matrix Organic Light-Emitting Diode*) ou « matrice active OLED » se caractérise par l'intensité de ses couleurs, la profondeur de ses noirs (car les pixels sont alors éteints) et le haut niveau de contraste. La différence entre écrans LCD et OLED est visible au niveau des couleurs et des contrastes : le rétroéclairage ne venant ni atténuer les couleurs, ni affaiblir les noirs – qui sont toujours gris sur du LCD – le contraste de l'OLED est presque infini et les couleurs plus vives. On dit par ailleurs que les noirs sont absolus grâce à cette technologie. Les pixels noirs sont seulement éteints et sans rétroéclairage, le noir devient donc une absence de lumière qui conforte le contraste et se montre très agréable à l'œil.

Analytics

> Étude des logs (fichiers situés dans le cache du navigateur) du serveur. Ce mot venant de l'anglais, il désigne l'analyse des logs d'un serveur Web pour faire des mesures d'audience, telles que la provenance du trafic, les parcours de visite sur le site, etc.

API > ***Application Programming Interface***

> En informatique, une interface de programmation applicative (souvent désignée par le terme API pour *Application Programming Interface*) est un ensemble normalisé de classes, de méthodes ou de fonctions qui sert de façade par laquelle un logiciel offre des services à d'autres logiciels. Elle est offerte par une bibliothèque logicielle ou un service Web, le plus souvent accompagnée d'une description qui spécifie comment des programmes consommateurs peuvent se servir des fonctionnalités du programme fournisseur.

Attribut

> Propriété d'une balise HTML. Par exemple l'attribut alt de la balise image <img alt='légende'>.

Balise

> Une balise est une instruction en code HTML

entouré des caractères < et >. Par exemple la balise <title>.

Benchmarking

> Le benchmarking est une méthode UX consistant à comparer l'expérience utilisateur de différentes applications ou sites Web afin d'identifier les bonnes et les mauvaises pratiques.

Bid request

> Élément transmis par le vendeur à l'acheteur *via* son SSP (*Supply Side Platform* = plate-forme technologique d'arbitrage), contenant l'ensemble des éléments caractérisant l'élément publicitaire commercialisé et qualifiant le profil commercialisé.

Bid response

> Réponse à une *bid request*. Élément transmis par l'acheteur au vendeur *via* son DSP (*Demand Side Platform* = plate-forme technologique d'optimisation), contenant notamment le montant de l'enchère (*bid price*) et le lien vers la création à afficher si l'enchère est gagnante.

Bitcoin

> Le bitcoin est une monnaie électronique conçue par Satoshi Nakamoto en 2009 et créée en dehors de tout champ étatique qui n'a toutefois qu'une partie des attributs d'une monnaie classique : si le bitcoin est une unité monétaire et un instrument de paiement pour ceux qui l'acceptent, il n'a pas d'effet libératoire légal car il n'est pas possible d'imposer le paiement en bitcoin en dehors de la communauté. Le bitcoin est promu, standardisé et protégé par la fondation Bitcoin (https://bitcoinfoundation.org)[1].

Blacklist

> Liste recensant les interdictions de diffusion pouvant s'appliquer à des annonceurs, des secteurs, des acheteurs, des formats, des créas. Tous les éléments non cités sont donc autorisés à être diffuser.

Blockchain (BCh)

> La blockchain est une technologie de stockage et de transmission d'informations, transparente, sécurisée et fonctionnant sans organe central de contrôle (définition de Blockchain France). Par extension, une blockchain constitue une base de données qui contient l'historique de tous les échanges effectués entre ses utilisateurs depuis sa création. Cette base de données est sécurisée et distribuée : elle est partagée par ses différents utilisateurs, sans intermédiaire, ce qui permet à chacun de vérifier la validité de la chaîne[2].

1 Source : http://urlz.fr/7zJo

2 Source : http://urlz.fr/3sWc

Bourrage de mots-clés > ***Keyword stuffing***

> Technique répréhensible d'optimisation pour les moteurs de recherche qui consiste à inclure des mots-clés non pertinents dans les éléments metas ou le contenu d'une page Web.

Brick & mortar > **Brique(s) et mortier**

> Désigne une entreprise de vente traditionnelle ayant pignon sur rue, soit un point de vente « physique » dans un immeuble « en dur ».

Captation 3D

> Acquisition et reconstitution en 2D d'un volume 3D quelconque à l'aide de caméras en vue de l'intégrer à un dispositif numérique.

Carte de chaleur

> Voir Heat map.

ccTLD

> Extension de nom de domaine désignant un pays. Par exemple .fr.it ou .co.uk.

CDO > **Chief Digital Officer**

> Un chef de la direction numérique (CDO) aide une entreprise, un organisme gouvernemental ou une ville à stimuler la croissance en convertissant les entreprises « analogiques » traditionnelles en entreprises numériques en utilisant le potentiel des technologies modernes en ligne comme les applications mobiles, les réseaux sociaux et les applications connexes.

Chatbots

> Agent conversationnel ou assistant virtuel qui dialogue avec un utilisateur sur un site Web ou toute autre interface.

Clé d'entrée

> Une clé d'entrée désigne un critère de segmentation utilisé pour classer et disposer les produits au sein d'une famille ou d'un rayon. Les clés d'entrée doivent correspondre aux besoins et modes de pensée des clients et être claires sous peine de les égarer. Pour cette raison on les appelle également *clé d'entrée client*.

Click and collect

> Le *click and collect* est un modèle de commerce électronique hybride dans lequel les gens achètent ou sélectionnent des articles en ligne et les récupère en magasin ou dans un point de collecte centralisé. Le modèle hybride est conçu pour rationaliser les processus impliqués dans les achats et les paiements en magasin. Le *click and collect* permet de lever les freins e-commerce liés à la livraison en proposant au client de récupérer ses achats lui-même.

Conversion

> Convertir un visiteur en acheteur (voir CRO).

Cookie > Fichier log
> « Un cookie est un petit fichier informatique, un traceur, déposé et lu par exemple lors de la consultation d'un site Internet, de la lecture d'un courrier électronique, de l'installation ou de l'utilisation d'un logiciel ou d'une application mobile, et ce quel que soit le type de terminal utilisé (ordinateur, smartphone, liseuse numérique, console de jeux vidéos connectée à Internet, etc.) » (CNIL).

CRO > *Conversion Rate Optimization*
> Voir Optimisation des conversions.

Cross selling > Vente croisée
> La vente additionnelle (dite aussi vente croisée) est une technique de vente par laquelle un vendeur (en magasin, en démarchage, par téléphone) profite de la vente ou de l'intérêt manifesté par un acheteur pour un produit donné pour proposer et vendre un produit complémentaire ou supérieur au produit initialement acquis ou visé par l'acheteur.

CSS > Feuille de style en cascade
> Les feuilles de style en cascade, généralement appelées CSS de l'anglais *Cascading Style Sheets*, forment un langage informatique qui décrit la présentation des documents HTML et XML. Les standards définissant les CSS sont publiés par le World Wide Web Consortium (W3C).

Délégué à la protection des données à caractère personnel
> Tout professionnel en charge de la protection des données personnelles dans un ou plusieurs organismes, en interne ou externe.

DBM
> C'est une plate-forme technologique (DSP) proposée par Google aux annonceurs, trading desk* pour achat.

DMP > *Data Management Platform*
> Il s'agit d'un terme général pour des services dont les objectifs peuvent être très différents. L'idée de base est la collecte de données, dans le but de pouvoir en disposer très rapidement dans le contexte de l'exploitation des visiteurs d'un site Web.

DMS > *Demand Side Platform*
> C'est une plate-forme, qui permet à un annonceur/ un marketeur, de cibler ses campagnes et de centraliser ses opérations d'achats publicitaires. Une DSP recherche les impressions disponibles au meilleur coût. DSP utilisés en Europe : Invite Media (Google), MediaMath, AppNexus, Turn, Zap Trader (Xaxis). D'autres plates-formes DSP telles que X+1 ou DataXu sont disponibles aux États-Unis.

Domaine
> Le « nom » d'un site Internet, désignant sous une forme mémorisable l'adresse du site, sous la forme domaine .ext où ext représente l'extension, par exemple .fr ou .com.

Donnée personnelle
> Toute information relative à une personne physique identifiée ou qui peut être identifiée, directement ou indirectement, par référence à un numéro d'identification ou à un ou plusieurs éléments qui lui sont propres (Article 2, loi Informatique et Libertés).

eCPM
> CPM effective, prix moyen d'une publicité.

Ergonomie
> L'ergonomie est l'étude de l'homme au travail.

Ethereum
> Protocole d'échanges décentralisés permettant la création par les utilisateurs de contrats intelligents grâce à un langage Turing-complet (système formel ayant une puissance de calcul au moins équivalente à celle des machines de Turing). Ces contrats intelligents sont basés sur un protocole informatique permettant de vérifier ou de mettre en application un contrat mutuel, ils sont déployés et consultables publiquement dans la blockchain.

Ethnographie
> Méthode consistant à étudier, sur le terrain, les usages et les utilisateurs.

Expérimentation
> L'expérimentation en UX consiste à tester auprès de véritables utilisateurs des maquettes de la future application.

Facteur d'Impact > **FI** > **IF**> ***Impact Factor***
> Indicateur qui estime indirectement la visibilité d'une revue scientifique. Le FI d'une revue est le nombre moyen de citations de chaque article publié dans cette revue.

Fil-de-fer noir et blanc
> Voir Wireframe.

Flat design > **Design plat**
> Le flat design est un style de design Web excluant tous détails superflus de la création. Il se caractérise par des aplats de couleurs sobres et une organisation de la typographie qui crée la structure du contenu. Le flat design est un style minimaliste, extrêmement clair et épuré. Il s'oppose au skeuomorphisme (voir skeumorphisme).

Forecast
> Mesure de la fiabilité des prévisions de vente quotidiennes. Il représente la qualité des prévisions commerciales utile pour piloter le plan marketing ou pour le service client afin d'anticiper

le volume de contacts supplémentaires en passe de le solliciter.

Gameplay > **Jouabilité de l'interface**

> C'est la rencontre de l'utilisabilité de l'interface numérique et de la satisfaction procurée au joueur (voir Jouabilité de l'interface).

Hard bounce > **Message d'erreur (ou d'échec)**

> Un hard bounce est un message d'erreur ou d'échec définitif envoyé par le serveur du domaine destinataire d'un message e-mail au serveur de messagerie émetteur d'une campagne d'e-mailing.

Heat map > **Carte de chaleur**

> Une heat map (carte thermique, cartographie d'activité, carte de chaleur) est une représentation graphique de données statistiques qui fait correspondre à l'intensité d'une grandeur variable une gamme de tons ou un nuancier de couleurs sur une matrice à deux dimensions (qui peut elle-même représenter une zone géographique). Une heat map sert à mettre en exergue les parties d'une page Internet le plus souvent balayées par le regard de ses lecteurs. Sur Internet, les heat maps sont utilisées pour communiquer les parcours des visiteurs sur des sites.

Hit

> Un hit correspond à un fichier demandé au serveur hébergeant un site lors du chargement d'une page dans le navigateur utilisé par le visiteur. Un serveur Web enregistre le nombre de hits. Ce chiffre ne peut être assimilé à l'audience d'un site, car le chargement d'une page avec 4 images concerne 5 hits (demande de 4 fichiers images au serveur et d'1 fichier HTML).

Insight

> Un insight est la perception par le consommateur d'un problème ou d'un dilemme irrésolu sur une catégorie de produits qui intéresse une marque. Lorsqu'il est identifié et formulé, l'insight est une « vérité lumineuse » qui permet à la marque d'adapter son discours et son offre avec le maximum de chance d'être accepté par le consommateur.

Intelligence artificielle

> L'intelligence artificielle vise à mimer le fonctionnement du cerveau humain, ou du moins sa logique lorsqu'il s'agit de prendre des décisions.

JavaScript

> Language de programmation de scripts utilisé dans les pages Web interactives et pour certains serveurs.

Jira

> Outil online de gestion de projet interne, permettant l'affichage des tickets en méthode Agile* ou Kanban*.

Jouabilité de l'interface > ***Gameplay***

> Quand la jouabilité et le plaisir de jouer sont transposés au monde du Web, le gameplay d'un site Web ou d'une application en ligne est renforcé par une utilisabilité de l'interface accrue, et également par le plaisir d'usage. La jouabilité concerne la prise en compte du gameplay dans la conception d'une interface en vue d'améliorer l'expérience utilisateur (UX).

LCD

> Un écran LCD se compose de cellules emplies de cristaux liquides qui sont illuminés par un rétroéclairage tandis que des filtres se chargent de définir les couleurs. Chaque pixel d'un écran est composé de trois sous-pixels rouge, vert et bleu.

Loi de Moore

> La loi de Moore concerne l'évolution de la puissance des ordinateurs. Selon cette loi le nombre de transistors, c'est-à-dire l'élément principal qui compose les processeurs des ordinateurs, double tous les deux ans.

Machine learning

> Le machine learning ou « apprentissage automatique » est un champ d'étude de l'intelligence artificielle qui concerne la conception, l'analyse, le développement et l'implémentation de méthodes permettant à une machine tel qu'un algorithme d'évoluer par un processus systématique et ainsi de remplir des tâches difficiles ou problématiques par des moyens algorithmiques plus classiques. Le machine learning permet d'évaluer l'impact de différents facteurs dans la prédiction *via* la collecte et l'analyse de données du plan marketing (planning marketing, typologie des offres, calendrier des événements et temps forts) et des données de navigation sur le site et l'application mobile (visites, transactions, commandes et montants notamment). Une fois structurée, les données viennent alimenter le forecast.

Matching

> Meilleur appariement de l'offre et de la demande lors d'une vente en ligne.

Méthode Agile

> Il s'agit d'une approche de gestion de projet qui s'éloigne des approches traditionnelles telles que le cycle en V. Cette méthode se base sur un mode itéractif et place le client au cœur du projet du début à la fin afin de s'adapter à ses besoins qui sont évolutifs. L'une des plus connues et utilisées est la méthode Scrum. Organisé sur 15 jours, intitulé « Sprint », à chaque fin de sprint, une démo peut être faite.

Méthode Kanban

> Proche de la méthode Agile et Scrum : le principe se joue beaucoup sur la visualisation des demandes. L'organisation est différente : le développeur choisi les demandes et travaille dessus, ainsi il gère sa réalisation. Le but de cette méthode est de maximiser la production, tout en minimisant la perte de temps sur une conception.

Mineurs

> Utilisateurs connectés qui forgent les blocs. Un mineur est un individu vérifiant les transactions et opérations effectuées par les utilisateurs sur le réseau. Il les inscrit ensuite sur la blockchain (registre public). La vérification des transactions requiert de la puissance de calcul.

Mobile friendly

> Mobile friendly réfère à un site qui a été conçu pour une navigation optimisée et un affichage optimal des blocs de contenus (images et textes) sur smartphone.

MVT (*Multivariate Testing*)

> Il s'agit d'une manière particulière de créer les variations d'un test. C'est une approche permettant d'automatiser la génération des variations : on liste toutes les caractéristiques que l'on veut modifier sur le site, et pour chaque caractéristique, on liste les variantes possibles. Un programme génère alors toutes les combinaisons possibles. Par exemple, on peut décider de changer la police de caractères (parmi une liste de 5), la couleur de fond (parmi 3), ce qui générera 3 × 5 = 15 variations différentes.

OLED

> OLED, pour *Organic Light-Emitting Diode*, est un composant qui permet de produire de la lumière. *A contrario* d'un écran LCD (voir LCD) qui exige à la fois une couche de cristaux et un rétroéclairage, la solution AMOLED est tout-en-un : les cristaux sont remplacés par des diodes électroluminescentes qui génèrent leur propre lumière – exit le rétroéclairage.

Omnicanalité

> L'omnicanalité désigne le fait que tous les canaux de contact et de vente possibles entre l'entreprise et ses clients sont utilisés et mobilisés. Une pratique omnicanale maîtrisée suppose d'éliminer les silos marketing et logistiques afin d'avoir une vue à 360° du client et d'optimiser l'expérience client.

Optimisation des conversions

> **CRO (*Conversion Rate Optimization*)**

> C'est l'acronyme pour parler de la pratique du test A/B ainsi que d'autres techniques visant

à améliorer la transformation des visiteurs d'un site Web en consommateurs. L'usage du terme conversion, plutôt qu'achat ou vente, permet d'être plus général, car cette pratique est aussi utilisée par les sites média, où la notion de conversion correspond à la transformation d'un visiteur en lecteur, et n'implique pas forcément une vente.

Parcours client omnicanal

> Avec la montée en puissance des canaux digitaux et du e-commerce, le parcours client devient de fait de plus en plus souvent un parcours client omnicanal (voir Omnicanalité).

Position zéro > ***Featured snippet***

> Dans le monde du SEO, les termes « Position zéro », « Position #0 » ou « Ranking #0 » désignent la position située au-dessus des résultats traditionnels. Une boîte contenant la réponse directe à la question de l'internaute s'y affiche sous plusieurs formes : Featured snippet, Knowledge Card, Quick Answer.

Pousser des promotions

> La promotion des ventes a pour objectif de pousser le produit vers le consommateur au moment même de l'acte d'achat. C'est pourquoi on l'appelle stratégie « poussée » ou stratégie « push ».

Privacy by default

> Concept qui a pour objectif de garantir par défaut le plus haut niveau de protection des données personnelles. Elle comporte une idée d'obligation de moyens.

Privacy by design

> Concept qui a pour objectif de garantir l'intégration de la protection de la vie privée dès la conception des produits et services.

Privacy Impact Assesment (PIA)

> C'est l'évaluation de l'impact sur la vie privée.

Product Owner

> Le Product Owner (PO) est un chef de projet digital ou IT suivant la méthodologie Agile. Ses missions sont les suivantes : identification et recueil de besoins, identification des fonctionnalités importantes du produit, définition des critères d'acceptation, création du Product Backlog, rédaction de « user stories », réalisation de recettes… Il peut parfois être accompagné par un assistant Product Owner, appelé proxy PO, avec qui il forme un binôme.

Psychologie cognitive

> La psychologie cognitive est l'étude des processus psychologiques humains liés à la connaissance (mémoire, langage, intelligence, raisonnement, résolution de problèmes, perception, attention).

Psychologie expérimentale

> La psychologie expérimentale est une méthode permettant de mesurer de manière objective les résultats de certains stimuli auprès d'une population cible.

Pure player

> Entreprise œuvrant uniquement sur Internet.

Réalité augmentée

> La réalité augmentée caractérise en général l'élargissement assisté par ordinateur de la perception de la réalité. Alors que l'utilisateur de la réalité virtuelle (Virtual Reality) est plongé dans un monde digital, la réalité augmentée présente la réalité, complétée par des contenus digitaux, comme Pokémon Go l'a montré en 2016. Cela s'effectue *via* la représentation virtuelle d'informations supplémentaires dans le monde réel (des objets à attraper par exemple), l'ajout d'informations supplémentaires sur des images ou vidéos (comme des légendes à côté de monuments), l'insertion d'objets virtuels (comme des pièces de monnaie qui flottent dans l'air).

Recommandations prédictives

> Recommandations basées sur des techniques de traitement et de modélisation des comportements clients et prospects permettant d'anticiper leurs actions futures à partir du comportement présent et passé.

Répertoire

> Une section du site désignée par un chemin séparé par des caractères /. Par exemple domaine.com/repertoire ou domaine.com/ssrep/repertoire.

Responsable de traitement

> C'est la personne, l'autorité publique, le service ou l'organisme qui détermine les finalités et les moyens du traitement de données.

Responsive (site Web) > Site Web adaptatif

> Un site Web adaptatif (anglais RWD pour *responsive Web design*) est un site Web dont la conception vise, grâce à différents principes et techniques, à offrir une consultation confortable même pour des supports différents. L'utilisateur peut ainsi consulter le même site Web à travers une large gamme d'appareils (moniteurs, ordinateurs, smartphones, tablettes, télévisions…) avec le même confort visuel et sans avoir recours au défilement horizontal ou au zoom avant/arrière sur les appareils tactiles notamment, manipulations qui peuvent parfois dégrader l'expérience utilisateur, tant en lecture qu'en navigation.

Retail

> Le retail est le terme anglais désignant l'activité de commerce de détail.

Retailer

> Une entreprise ou une personne qui vend des biens au consommateur, par opposition à un grossiste ou un fournisseur, qui vend normalement ses produits à une autre entreprise.

Scrum Master

> Un Scrum Master est une personne qui anime une équipe Agile utilisant l'approche Scrum. Il s'assure de la compréhension et de la bonne application de cette méthode.

Search Quality Raters > **Évaluateurs de la qualité de la recherche**

> Les évaluateurs de qualité utilisent un ensemble de lignes directrices d'environ 200 pages, qui leur explique comment évaluer la qualité d'un site Web et si les résultats qu'ils examinent répondent aux besoins de ceux qui effectuent des recherches.

Sensibilité machinique

> Reproduction calculée de la sensibilité humaine par un dispositif numérique.

Sensorimotricité

> La jonction de la sensorialité et de la motricité qui permet de se mouvoir et d'apprécier l'aptitude de l'autre à se mouvoir.

Silo marketing

> Lorsque différentes fonctions marketing et commerciales d'une même entreprise agissent sans coordination ou collaboration, elles forment des silos isolés des autres.

Skeuomorphisme

> Le skeuomorphisme (en anglais *skeuomorphism*) ou skeuomorphe est un terme formé à partir du grec *skeuos* (l'équipement militaire, mais aussi le costume, l'ornement, la décoration) et définissant un élément de design dont la forme n'est pas directement liée à la fonction, mais qui reproduit de manière ornementale un élément qui était nécessaire dans l'objet d'origine.

Social listening

> Scruter en temps réel des millions de sources publiques du Web social, forums, blogs, sites d'information et réseaux sociaux, qui permettent de tester des hypothèses, de faire du test and learn. Quels sont les articles partagés, utilisent-ils photos, vidéos, gifs ? Voilà des questions utilisées pour connaître les préoccupations des consommateurs. Cette méthode réduit le coût de l'erreur par rapport aux études classiques et permet de tester des messages en direct et de voir s'ils ont un accueil intéressant auprès des internautes.

Sous-domaine

> Une section du domaine, sous la forme sousdomaine.domaine.com. Par exemple blog.domaine.com. www.domaine.com est un sous-domaine.

Sous-traitant
> Toute personne traitant des données à caractère personnel pour le compte du responsable du traitement est considérée comme un sous-traitant (Article 35, loi Informatique et Libertés).

SSP > ***Supply Side Platform***
> Il s'agit d'une plate-forme automatisée, destinée aux éditeurs ou à toute personne louant des espaces publicitaires. Pour un éditeur, une SSP lui permet de vendre ses espaces publicitaires au plus offrant. SSP actifs en France : Improve Digital et the Rubicon Project. D'autres SSP comme Admeld opèrent sur d'autres marchés européens.

Stakeholders
> Les parties prenantes d'un projet, c'est-à-dire les différents acteurs concernés directement ou indirectement par le projet.

Storytelling
> Technique de communication visant à utiliser une structure narrative pour raconter la marque (histoire, récit, conte…).

Table de caractères UTF-8
> La table de caractères est un utilitaire inclus dans les systèmes d'exploitation Linux (comme Ubuntu) et Microsoft Windows. Il est utilisé pour afficher les caractères dans n'importe quelle police installée. L'UTF-8 est utilisé par 82,2 % des sites Web en décembre 2014, puis 87,6 % en 2016 et près de 90,5 % en 2017. Par sa nature, UTF-8 est d'un usage de plus en plus courant sur Internet, et dans les systèmes devant échanger de l'information. Il s'agit également du codage le plus utilisé dans les systèmes GNU, Linux et compatibles pour gérer le plus simplement possible des textes et leurs traductions dans tous les systèmes d'écritures et tous les alphabets du monde.

Temps réel
> En informatique, l'interface promet l'exactitude du résultat dans un temps imposé. Le temps de calcul est lié à l'échéance du résultat et tout retard altère la valorisation du résultat.

Test utilisateur
> On demande à des gens d'utiliser le site et de faire des commentaires. C'est une approche déclarative : la technique du test utilisateur consiste simplement à demander à des volontaires d'utiliser un produit ou un service. Leur avis est ensuite collecté, avec pour objectif l'amélioration du service ou du produit.

Test de wording
> Il s'agit de créer une variation en changeant le texte associé à une page. Par exemple pour un site de tourisme, connaître l'impact de phrases comme « réserver maintenant » ou « voir les disponibilités », sert

globalement le même objectif : connaître les dates d'intérêt du visiteur. Pourtant l'impact sera différent. Typiquement la phrase « réserver maintenant », étant plus engageante, est moins efficace.

Tracker
> C'est un code informatique, diffusé par un site Web et exécuté dans le navigateur du visiteur. L'objectif de ce code est la collecte d'informations relatives au visiteur et à son comportement sur le site Web.

Tracking
> Le tracking consiste à recueillir grâce à des marqueurs ou cookies des données comportementales pour pouvoir étudier en profondeur le déplacement du consommateur.

Trading desks
> Service spécialisé dans l'achat et l'optimisation d'espaces publicitaires opérant en programmatique, par le biais d'une ou plusieurs technologies DSP. Trading desks actifs en France : Audience On Demand (Vivaki), Affiperf (Havas), Matiro, Pixidis (Netbooster), Un1t (Agence 79) Gamned, Xaxis (WPP), Tradelab.

Traitement de données personnelles
> « Toute opération ou tout ensemble d'opérations portant sur de telles données, quel que soit le procédé utilisé, et notamment la collecte, l'enregistrement, l'organisation, la conservation, l'adaptation ou la modification, l'extraction, la consultation, l'utilisation, la communication par transmission, diffusion ou toute autre forme de mise à disposition, le rapprochement ou l'interconnexion, ainsi que le verrouillage, l'effacement ou la destruction » (Article 2, loi Informatique et Libertés).

Transcréer
> Créer un texte équivalent à un autre pour adapter un contenu à un autre contexte/pays. Par exemple créer un texte parlant de l'Independance Day pour les internautes américains et du 14 juillet pour les internautes français.

UGC (*User Generated Content*) > contenu généré par les utilisateurs
> Le contenu généré par les utilisateurs se réfère à un ensemble de médias dont le contenu est principalement, soit produit, soit directement influencé par les utilisateurs finaux.

Up selling > Montée en gamme
> La montée en gamme est un processus économique qui peut être décrit du point de vue des producteurs, des vendeurs ou des consommateurs. Il consiste à remplacer un produit par un autre similaire qui offre des performances plus élevées, un service plus important ou qui

est de meilleure qualité (haut de gamme).

User Research

> La User Research est la première étape de la démarche UX. Elle consiste à conduire une ethnographie auprès des véritables utilisateurs pour identifier leurs attentes et les difficultés qu'ils rencontrent. Cette partie de l'UX intègre également les tests utilisateurs permettant de valider auprès de véritables utilisateurs l'usage du futur produit.

User Story

> Une User Story (ou US) est la description précise dans un langage simple d'une fonctionnalité à développer. Les user stories sont rédigées dans le cadre de l'approche Agile.

Utilisabilité > ***Usability***

> Capacité d'un site à être utilisé, l'utilisabilité se mesure à son aisance d'utilisation (navigabilité), à son efficacité et sa facilité d'apprentissage.

UX

> L'UX, qui vient de « User eXperience » en anglais, est une méthodologie de conception des services et des applications digitales visant à améliorer la facilité d'usage.

Viewability

> Mesurer le taux de visibilité publicitaire sur un inventaire. Il permet de connaître le taux de vue d'une impression, ainsi que le taux de vue d'un inventaire. Norme : 50 % de pixels affichés pendant au moins 1 seconde (2 secondes pour les vidéos).

Viewport

> Le viewport est la zone visible de l'utilisateur d'une page Web. La fenêtre d'affichage varie en fonction de l'appareil et sera plus petite sur un téléphone mobile que sur un écran d'ordinateur. Avant les tablettes et les téléphones mobiles, les pages Web étaient conçues uniquement pour les écrans d'ordinateur, et il était courant que les pages Web soient de conception statique et de taille fixe. Ensuite, lorsque nous avons commencé à surfer sur Internet en utilisant des tablettes et des téléphones mobiles, les pages Web de taille fixe étaient trop grandes pour s'adapter à la fenêtre. Pour résoudre ce problème, les navigateurs de ces appareils ont réduit l'ensemble de la page Web pour l'adapter à l'écran.

Webdesigner

> La création et la conception de site Web (ou Web design) est la conception de l'interface Web : l'architecture interactionnelle, l'organisation des pages, l'arborescence et la navigation dans un site Web.

Webmaster

> Un ou une webmestre, webmaster ou administrateur ou administratrice de site est une personne responsable d'un

site Web, de sa conception à sa maintenance.

Whitelist

> Liste recensant le cadre exclusif de diffusion pouvant s'appliquer à des annonceurs, des secteurs, des acheteurs, des formats, des créas. Seuls les éléments cités sont donc autorisés à être diffuser.

Wireframe

> Maquette fil-de-fer en noir et blanc de la future application. Cette maquette permet de valider la navigation et le langage de l'interface.

Yield management

> Technique basée sur une tarification flexible, modulé par la disponibilité des ressources et la demande. Le transport et l'hôtellerie sont les domaines où cette pratique est la plus répandue.

Yield marketing

> Système de tarification flexible en temps réel. Permet de prendre en compte les demandes pour moduler le prix de l'offre.

Bibliographie

ALBA J. W. & HUTCHINSON J. W. (1987). « Dimensions of consumer expertise », *Journal of Consumer Research*, 13 (March), 411-454.

BACHIMONT B. (2000). « L'intelligence artificielle comme écriture dynamique : de la raison graphique à la raison computationnelle ». In J. Petitot & P. Fabbri (Eds.), *Au nom du sens* (pp. 290-319) : Grasset.

BACHIMONT B. (2004). « Signes formels et computation numérique : entre intuition et formalisme ». In H. Schramm, L. Schwarte & J. Lazardzig (Eds.), *Instrumente in Kunst und Wissenschaft – Zur Architektonik kultureller Grenzen im 17. Jahrhundert*. Berlin : Walter de Gruyter Verlag.

BERNARD M.L., CHAPARRO B.S., MILLS M.M., HALCOMB C.G. (2003). « Comparing the Effects of Text Size and Format on the Readability of Computer-Displayed Times New Roman and Arial Text ». *International Journal of Human-Computer Studies*, 59, 823-835.

BLANCHOT V. (2018). « Snapchat ouvre une section e-commerce dans son application et la bourse aime ça ! » – Publié le 02/02/2018, Siecledigital.fr : https://siecledigital.fr/2018/02/02/snapchat-boutique-ecommerce-application/

BROOKER, G. (1976). « The self-actualizing socially conscious consumer ». *Journal of Consumer Research*, 3(2), 107-112.

CAO J. (2016). « Web Design Best Practices: Minimalism & Typography », 5 APR 2016 : https://designshack.net/articles/layouts/web-design-best-practices-minimalism-typography/.

CHAPUIS, C. (2017). *The advertising of Burgundy wine since the beginning of viticulture*, 10th Academy of Wine Business Research Conference, Rohnert Park, CA – 26-28 July 2017.

CHRISMENT, A., DURCHON, P., LANTHONY, P., & TAVERNIER, I. (1994). *Communiquer par la couleur – Mesurer, Reproduire, Observer, Vivre la couleur.* Paris, 3C Conseil.

COOPER A. (2014). *The Inmates Are Running the Asylum: Why High Tech Products Drive Us Crazy and How to Restore the Sanity*, 2e éd., Pearson Higher Education.

CRITEO (2018). « 4 Key Findings about Mobile Commerce Growth from Criteo's Latest Research », *Global Commerce Review* – Q4 – 2017 – France – FR publié le 8 Novembre 2017, extrait le 2 Mai 2018 à https://www.criteo.com/insights/mobile-commerce-growth-criteo-research/

CROZIER, W.R. (1999). *The meanings of color: preferences among hues.* Pigment and Resin Technology, 28(1), 6-14.

DANEMAN, M., & CARPENTER, P. A. (1980). « Individual differences in working memory and reading ». *Journal of Verbal Learning and Verbal Behavior*, 19(4), 450-466. doi : 10.1016/S0022-5371(80)90312-6.

DE LANGE R. W., ESTERHUIZEN H. L., BEATTY D. (1993). « Performance differences between Times and Helvetica in a reading task », *Electronic Publishing*, 6 : 241-248.

DUPLAN P., JAUNEAU J.-P., JAUNEAU R. (2004). *Maquette et mise en page*, Ed. Cercle De La Librairie (18 février 2004).

EUROCOMMERCE (2018). *« PRESS RELEASE | European B2C ecommerce still growing fast, with national markets moving at different speeds »*, publié le 2/07/2018, extrait d'Internet le 02/07/2018 à https://www.eurocommerce.eu/

FEVAD (2017). *Baromètre de l'audience des sites e-commerce français (étude complète)*, retrieved May 15, 2017 from http://www.fevad.com/barometre-de-laudience-sites-e-commerce-francais-t4-2016/

FEVAD (2018). « L'entretien du mois – Étienne Drouard », publié le 10/05/2018, extrait d'Internet le 1er Juillet 2018 à https://www.fevad.com/lentretien-du-mois-etienne-drouard/

FILIPOVIĆ D. ET LIPTON A. (2018). *« Pas de cryptomonnaies sans technologie blockchain »*, publié le 11 décembre 2017, extrait d'Internet le 28/06/2018 à https://www.letemps.ch/economie/cryptomonnaies-technologie-blockchain

FORBES (2018). *« Amazon Go: Chez Amazon, l'Intelligence Artificielle Supprime Les Caisses »*, publié le 27 janvier 2018, extrait d'Internet le 29/06/2018 à https://www.forbes.fr/technologie/amazon-go-chez-amazon-lintelligence-artificielle-supprime-les-caisses/?cn-reloaded=1

FRAU-MEIGS D. (2011). *Penser la société de l'écran. Dispositifs et usages*, Paris, Presses de la Sorbonne nouvelle.

GAZLEY A., HUNT A. & MCLAREN L., (2015). « The effects of location-based-services on consumer purchase intention at point of purchase », *European Journal of Marketing*, 49 (9/10) 1686-1708.

GOODY J. (1979). *La Raison graphique*, Paris, Minuit, coll. « Le sens commun ».

GORN G., CHATTOPADHYAY A., SENGUPTA J. & TRIPATHI S. (2004). Waiting for the Web: how screen color affects time perception, *Journal of Marketing Research*, XLI, May, 215-225.

GRECO M., STUCCHI N., ZAVAGNO D., MARINO B., (2008). On the Portability of Computer-Generated Presentations: The Effect of Text-Background Color Combinations on Text Legibility, *Human Factors*, 50, 5, 821-833.

GUIBOURGÉ J. (2018). *L'humour en publicité, analyse sémiologique*, Paris, Académia.

INTERACTION-DESIGN FOUNDATION (2017). *"My Head Hurts! Cognitive Friction in the Age of Mobile"*, published 01/27/2017, retrieved 02/02/2017 from https://www.interaction-design.org/literature/article/my-head-hurts-cognitive-friction-in-the-age-of-mobile

ITTEN J. (1996). Art de la couleur, Paris, Dessain et Tolra.

KEITH M. J., THOMPSON S. C., HALE J., LOWRY P. B. & GREER C. (2013). « Information disclosure on mobile devices: Re-examining privacy calculus with actual user behavior », *International Journal of Human Computer Studies*, 71, 1163-1173.

KIRITANI Y & SHIRAI S (2003). Effects of background colors on user's experience in reading website, *Journal of the Asian Design International Conference*, Academic Journal, 1, 64.

KORSCHUN D. & DU S. (2013). How virtual corporate social responsibility dialogs generate value: A framework and propositions, *Journal of Business Research*, 66, 1494-1504.

KOUFARIS, M., & HAMPTON-SOSA, W. (2004). The development of initial trust in an online company by new customers. *Information and Management*, 41, 3, 377-397.

LADWEIN R. (2000). « Ergonomie et accessibilité des sites *Web :* quelques problèmes et enjeux pour l'e-commerce », *Décisions Marketing,* 21, Septembre-Décembre, 57-71.

LEGRIS-DESPORTES C., (2004). « *Sémiologie, médias informatisés et entreprise, Communication et Langages* », Dossier : le signe en scène, un enjeu politique, n°142, décembre 2004.

LINDGAARD, G., FERNANDES, G., DUDEK, C., BROWN, J. (2006). Attention webdesigners: You have 50 milliseconds to make a good first impression. *Behav. Inform. Technol.* 25(2), 115-126.

LIU, C., MARCHEWKA, J.T., LU, J., YU, C.S. (2005). Beyond concern – a privacy-trust behavioral intention model of electronic commerce. *Information & Management*, 42, 289-304.

LOTSTRA, F. (2002). Le cerveau émotionnel ou la neuro anatomie des émotions. Cahiers critiques de thérapie familiale et de pratiques de réseaux, 29,(2), 73-86.

MATTELART, A. (1996). *The Invention of Communication,* London/Minneapolis, University Minnesota Press.

METZGER, M.J. (2007). Communication privacy Management in Electronic Commerce, *Journal of Computer-Mediated Information,* 12(2). 335-361.

MILLER M. (2012). « *72 % of Consumers Want Mobile-Friendly Sites : Google Research* », published September 26, 2012, retrieved from the Internet July 17, 2016 at https://searchenginewatch.com/sew/study/2208496/72-of-consumers-want-mobilefriendly-sites-google-research.

MORRELL, R.W. & ECHT, K.V. (1997). *Designing written instructions for older adults: Learning to use computers.* In A.D. Fisk & W. A. Rogers (Eds.), Handbook of human factors and the older adult (335–361). San Diego, CA: Academic Press.

MPONDO-DICKA P. (2013). « Sémiotique, numérique et communication », Revue française des sciences de l'information et de la communication [En ligne], 3 | 2013, mis en ligne le 30 juillet 2013, consulté le 27 juin 2018. URL : http://journals.openedition.org/rfsic/547 ; DOI : 10.4000/rfsic.547.

NUNAN, D., & DI DOMENICO, M-L. (2013). Market research and the ethics of big data. *International Journal of Market Research,* 55, 2-13.

PARREIN B. ET BIDAN M. (2018). « *La technologie blockchain face à son destin* », publié le 12 mars 2018, extrait d'Internet le 28 juin 2018 à https://theconversation.com/la-technologie-blockchain-face-a-son-destin-88753

PELET J.-É. & LUCAS-BOURSIER J. (2017). *Aide-mémoire – Communication digitale*, Dunod, Broché – 27 septembre, 2017.

PELET J.-É. & PAPADOPOULOU P. (2012). The effect of colors of e-commerce websites on consumer mood, memorization and buying intention. *European Journal in Information Systems*, 21, 438-467.

PELET J.-É. & TAIEB B., (2017). *"Enhancing the Mobile User Experience through Colored Contrasts"* In Khosrow-Pour, M. (2017). Encyclopedia of Information Science and Technology, Fourth Edition (10 Volumes). Hershey, PA: IGI Global.

PELET J.-É. (2014). *M-Commerce*, Ed. Pearson, Coll. Village Mondial.

PELET J.-É., KHAN J., COWART K. (2017). *« Location-based services effect on online purchase intention »*, 2017 Association for Consumer Research North American Conference, October 26-29, 2017. San Diego, CA, USA.

PELET J.-É., LECAT B., TAIEB B., TERBLANCHE N.S. (2018). Optimizing distribution with social media and collaborative consumption through social wine traders (Forthcoming).

PELET, J.-É., & LECAT, B. (2014). Smartphones and wine consumers: A Study of Gen-Y. *International Journal of Wine Business Research*, 26(3), 188-207.

PETRONIO, S. (1991). Communication Boundary Management: A Theoretical Model of Managing Disclosure of Private Information between Marital Couples, *Communication Theory*, 1, 311-335.

PLÉGAT-SOUTJIS F., (2004). *« Sémantique graphique des interfaces. Représentations, valeurs, usages, communication et langages »*, Dossier : le signe en scène, un enjeu politique, n°142, décembre 2004.

ROBINSON D. O., ABBAMONTE M., EVANS S. H. (1971). Why serifs are important: The perception of small print, *Visible Language*, 4: 353-359.

RYAN, D. (2014). *News releases from the Global Academy of Digital Marketing*, Damian Ryan, Chairman at The Global Academy of Digital Marketing, published on: February 19, 2014, retrieved from the internet at http://www.gogadm.com/post/digital-marketing-is-dead-no-its-alive-no-its-all-integrated-noweh the 03/19/2014

SHERMAN, L. E., GREENFIELD, P. M., HERNANDEZ, L. M. & DAPRETTO, M. (2018). Peer Influence *Via* Instagram: Effects on Brain and Behavior in Adolescence and Young Adulthood. *Child Dev*, 89: 37-47.

SMITH, H.J., DINEV, T., & XU, H. (2011). Information Privacy Research: An Interdisciplinary Review. *MIS Quarterly*, 35 (4), 989-1015.

STATISTA (2017). « *Number of mobile phone users worldwide from 2013 to 2019 (in billions)* », retrieved 03/05/2017 from https://www.statista.com/statistics/274774/forecast-of-mobile-phone-users-worldwide/

STATISTA (2018). « *Global Consumer Survey 2018* », Digital Economy Compass, publié le 14/03/2018, extrait d'Internet le 14/03/2018 de https://www.statista.com/

SUTANTO, J., PALME, E., TAN, C.H., & PHANG, C.W. (2013). Addressing the personalization privacy paradox: an empirical assessment from a field experiment on smartphone users. *MIS Quarterly*, 37, 1141-1164.

TARABELLA M. (2018). « *Sur le RGPD: "De lourdes amendes prévues pour ceux qui ne respecteront pas le Règlement* », publié le 24/05/2018, extrait d'Internet le 25/06/2018 à http://www.lesoir.be/158445/article/2018-05-24/marc-tarabella-sur-le-rgpd-de-lourdes-amendes-prevues-pour-ceux-qui-ne

UXPIN (2017). *Web Design Book of Trends 2017*, retrieved 2/3/2017 from the Internet at https://designshack.net/articles/layouts/web-design-best-practices-minimalism-typography/

VIVIANI P. (1990). *Eye movements in visual search: Cognitive, perceptual and motor control aspects.* Reviews of Oculomotor Research, 4, 353-393.

W3C. (2011). Web content accessibility guidelines (WCAG) overview. Retrieved August 22, 2011, from http://www.w3.org/WAI/intro/wcag

WESTIN, A.F. (1967). Privacy and Freedom, New York: Antheneum Xu, H., Dinev, T., Smith, J., & Hart, P. (2011). Information Privacy Concerns: Linking Individual Perceptions with Institutional Privacy Assurances. *Journal of the Association for Information Systems*, 12, 798-824.

WROBLEWSKI L. (2002). *Site-Seeing: A Visual Approach to Web Usability*, Hoboken, Wiley.

WROBLEWSKI L. (2008). *Web Form Design*, New York, Rosenfeld Media.

WROBLEWSKI L. (2011). *Mobile First*, New York, A Book Apart.

WU, J-H. & WANG, S-C. (2005). "What drives mobile commerce? An empirical evaluation of the revised technology acceptance model", *Information & Management*, 42, 5, 719-729.

Des livres de Commercial/Relation client aux éditions DUNOD

M. Aguilar et P. Lafaix, *Les accélérateurs de vente*, 3e éd., 2017
M. Aguilar, *Vendeur d'élite*, 6e éd., 2018
M. Aguilar, *Vaincre les objections des clients*, 3e éd., 2012
M. Aguilar, *Conclure la vente*, 2014
E. Astre, *Vendre à l'ère digitale*, 2017
S. Attia, *Le Social Selling*, 2017
P. Bélorgey, S. Mercier, *La boîte à outils du commercial*, 3e éd., 2017
B. Boussuat, J. Boussuat, B. Salles, C. Trevisiani-Laine, *Vendre avec les couleurs*, 2018
F. Buchet, *Vendeurs : passez en mode solution*, 2018
N. Caron, A. Girod, *Les Clés mentales de l'excellence commerciale*, 2e éd., 2018
N. Caron, *Vendre aux clients difficiles*, 5e éd., 2016
N. Caron, F. Vendeuvre, *Le Grand Livre de la vente*, 2e éd., 2015
L. Chabry, F. Gillet-Goinard, R. Jourdan, *La boîte à outils du management de la relation client*, 2017
R. Chantal, *Luxe et Élégance*, 2014
R. Chantal, *L'art de savoir dire*, 2018
M. Chevalier, M. Gutstatz, *Luxe et Retail*, 2013
M. Corcos, S. Mercier, *Les Techniques de vente... qui font vendre*, 6e éd., 2016
C. Delabre, *La boîte à outils du e-commerce*, 2017
B. Dragon, *Fidélisez vos clients en B to B*, 2018
L. Dugas, B. Jourdan, *La Vente complexe*, 2e éd., 2015
A. Fossier, O. Letrillard-Bénard, *Profession manager commercial*, 2e éd., 2017
H. Fraisse, *Manuel de l'ingénieur d'affaires*, 4e éd., 2006
M. Kahn, *Franchise et partenariat*, 2018
J. Pelabère, *La Négociation d'influence*, 2017
J. Phoeun, M. Trabelsi, *Dynamisez votre posture commerciale*, 2017
T. Pires, E. Stioui, *M-commerce*, 2016
D. Rondot, *L'Art de négocier*, 2016
S. Rouvière, *Vendre plus en B to B*, 2e éd., 2016
E. Stioui, T. Pires, *M-Commerce*, 2016
F. Vendeuvre, C. Guérin, *La Vente différenciée*, 2017
F. Vendeuvre, P. Beaupré, *Gagner de nouveaux clients*, 4e éd., 2013
F. Vendeuvre, T. Houver, *Vendre et négocier avec les grands comptes*, 2e éd., 2013
F. Vendeuvre, E. de Cozar, *Négocier plus, négocier mieux*, 2013

78474 - (I) - SOP 90° - NOC - MPN

JOUVE
1, rue du Docteur Sauvé, 53100 MAYENNE
N° 2792009A
Dépôt légal : octobre 2018

Imprimé en France